Ulli Ploberger • Cordula Hanisch

Herzhafte Geheimnisse

aus dem

Garten für intelligente Faule

Das etwas **andere** Kochbuch

Mit Gartentipps von Biogärtner Karl Ploberger
und Zeichnungen von Leonore Geißelbrecht

Verlag Eugen Ulmer • Österreichischer Agrarverlag

Inhaltsverzeichnis

Karfiol (Blumenkohl)

Karotten (Möhren)

Kartoffeln

Knoblauch

Kohlrabi

Kraut (Kohl)

Kürbis

Lauch

Melanzani (Auberginen)

Paprika

Sellerie

Spargel

Spinat

Tomaten

Zucchini

Zwiebel

Gemüsevariationen

Salate

Saucen

LAUCH
SALAT

Einleitung

Gemüse im Garten für intelligente Faule

Wer heute Gemüse im Garten zieht, muss eigentlich verrückt sein! In jedem Geschäft gibt es frische Vitamine in Hülle und Fülle. Nicht nur konventionell gezogenes Gemüse, sondern auch in großer Auswahl aus biologischem Anbau. Und doch können es viele Gartenenthusiasten nicht lassen, Tomaten, Gurken, Zucchini und dazu die ganze Palette an Salaten im Garten zu pflanzen.

Es ist einfach ein besserer Geschmack, der dieses selbst gezogene Gemüse auszeichnet. Ist es nur Einbildung oder spürt man die Vorfreude bei jedem Bissen?

Gemüse im eigenen grünen Reich zu ziehen gehört zum neuen Lebensgefühl. Und die erste Ernte wird gefeiert wie ein Festtag: Tomatensuppe mit Basilikum ist dann mehr als nur der Traum vom Süden.

Der Weg bis zur ersten eigenen Ernte ist gar nicht so aufwändig, wenn man nur die sieben Grundregeln des „Faulenzergärtners" beachtet:

- Garten naturnah anlegen
- Pflanzen an den richtigen Standort setzen
- Kompost als sanften Dünger verwenden
- Erde immer abdecken – zum Beispiel mit Rasenschnitt
- Gemüse in Mischkultur anbauen
- Boden lockern und nicht umgraben
- Schädlinge sanft bekämpfen

Mit diesen sieben Schritten ist es ein Leichtes, einen kleinen Gemüsegarten anzulegen.

Beachten Sie unbedingt auch die Auswahl der richtigen Sorten. Neueste Züchtungen bringen überwältigende Ernten. Ganz ohne Genmanipulation ist es den Saatgutzüchtern nämlich gelungen, besondere Fähigkeiten in die Pflanzen zu bringen. Gurken sind mehltauresistent und bilden an jeder Blüte Früchte aus. Salat bleibt von Blattläusen verschont und Karotten werden von der lästigen Karottenfliege nicht mehr angesteuert. Solche Sorten mindern das Risiko von Missernten, wenngleich Rückschläge auch damit nicht völlig ausgeschlossen sind.

Viele Gemüsesorten lassen sich übrigens auch problemlos auf der Terrasse kultivieren, manche lieben dies sogar, kommen doch viele aus dem sonnigen Süden: Tomaten im Kübel gezogen geben oft bessere Ernten als im Garten. Basilikum im Topf angebaut gedeiht wesentlich besser als im Beet. Und Stangenbohnen auf einem Rankgitter am Balkon vereinen das Praktische mit dem Nützlichen. Sichtschutz und frisches Gemüse – Herz, was willst du mehr?

Ich erinnere mich noch an die Zeit, als mein „Garten" ein eineinhalb Quadratmeter großer Balkon war: Neben einer ganzen Palette an Kräutern fanden sich hier die erwähnten Tomaten, Stangenbohnen, aber auch Zucchini und Gurken. Gegen Ende des Sommers war der Balkon ein kleiner Dschungel und gleichzeitig eine lebende Speisekammer.

Heute ist mein Garten wesentlich größer, mit zahlreichen Zier- aber auch sehr vielen Nutzpflanzen. Und wenn im Frühling oder Herbst trotz der Faulenzertipps manchmal die Schweißperlen auf der Stirne stehen – die Schüssel frischer, knackiger Salat ist der Lohn für die Mühe.

Viel Spaß beim Garteln und gutes Gelingen wünscht Ihnen,

Karl Ploberger
Biogärtner

Auf „Süßes“ folgt „Herzhaftes“

Viele Reaktionen haben wir auf unser erstes Kochbuch „Süße Geheimnisse aus dem Garten für intelligente Faule“ erhalten. Alle waren von unseren Geheimnissen begeistert – einige haben aber gleich die Frage gestellt: Wann kommen die Rezepte für „Saures“?

Hier sind sie!

Mehr als 150 Rezepte, ausgelegt für 4 Personen und zum Großteil jahrelang erprobt, sind in diesem Buch zusammengestellt. Es ist kein vegetarisches Kochbuch, sondern eine Sammlung von Rezepten, bei denen das Gemüse den ersten Platz einnimmt. Und wie beim ersten Faulenzer-Kochbuch haben wir Wert darauf gelegt, dass sich fast alle Gerichte wieder im Handumdrehen zubereiten lassen.

Allen Köchinnen und Köchen wünschen wir gutes Gelingen und so viel Spaß beim Kochen, wie wir beide daran haben.

Sollten Sie Anregungen oder Ideen haben, bitte schreiben Sie uns. Vielleicht geben wir ja auch noch ein drittes Geheimnis preis?

Mag. Ulli Ploberger
ulrike.ploberger@biogaertner.at

Mag. Cordula Hanisch
cordula@eunet.at

Brokkoli

Brokkolisuppe

• ZUTATEN:

500 g Brokkoli
2 EL Olivenöl
1 Zwiebel
2 Knoblauchzehen
100 g Speck
1 Tomate
1 Bund Petersilie
1,5 Liter Gemüsebrühe
100 g schnell kochender Reis oder Rollgerste (Graupen= geschälte, geschliffene, polierte Gerstenkörner)
Salz, Pfeffer

In einem Topf das Olivenöl erhitzen und Speck, Zwiebel, Knoblauchzehen sowie fein gehackte Petersilie darin glasig dünsten.

Die Tomate blanchieren, häuten und in kleine Würfel schneiden. Brokkoli in kleine Röschen zerteilen und mit der Tomate und dem schnell kochenden Reis oder der Rollgerste (den Graupen) in den Topf geben.

Mit der Gemüsebrühe aufgießen und köcheln lassen, bis der Brokkoli bissfest ist.

Brokkoli-Rhomben

• ZUTATEN:

300 g Brokkoli
1 kleine Zwiebel
20 g Butter
3 Eier
1 Eigelb
90 g Mehl
50 g Butter
30 g geriebener Parmesan
Salz, Pfeffer aus der Mühle
eine Prise gemahlene Muskatnuss
4 EL frische gehackte Petersilie

Eine ideale Suppeneinlage!

• BACKTEMPERATUR: *200 Grad*
• BACKZEIT: *ca. 10 Minuten*

Brokkoli in kochendem Wasser blanchieren, abseihen, abschrecken und fein hacken. Die fein gehackte Zwiebel in Butter hell anrösten und die Petersilie dazugeben. Eier und Eigelb mit einer Prise Salz dickcremig schlagen. Die geröstete Zwiebel, Brokkoli und den Parmesan vorsichtig unterheben. Mit Salz, Pfeffer und Muskatnuss abschmecken. Die zerlassene Butter und das Mehl unterrühren. Die Masse auf ein mit Backpapier ausgelegtes Backblech streichen und im vorgeheizten Backrohr backen. In Rhomben schneiden.

Brokkoli im Backteig

• ZUTATEN:

600 g Brokkoli
120 g Mehl
3 Eier
150 g Joghurt
Salz, Pfeffer

Ideale Beilage zu Fleischgerichten!

Brokkoli in Röschen zerteilen und blanchieren.
Mehl, Eier, Joghurt, Salz und Pfeffer zu einem Teig verrühren. Die Brokkoliröschen durch den Teig ziehen und in Fett herausbacken.

Nudeln mit Brokkolisauce

• ZUTATEN:

400 g Brokkoli
4 EL Olivenöl
2 Knoblauchzehen
1 scharfe Paprikaschote
2 Tomaten
125 g Crème fraîche
Salz, Pfeffer
eine Prise Paprikapulver
400 g Nudeln (z.B. Penne)

Brokkoli in Röschen zerteilen und in Salzwasser bissfest kochen. Öl erhitzen und die zerdrückten Knoblauchzehen, die in Streifen geschnittene Paprikaschote und die enthäuteten Tomaten dazugeben und dünsten lassen. Brokkoliröschen hinzufügen und Crème fraîche unterrühren. Mit Salz und Pfeffer abschmecken. Die Nudeln al dente kochen und mit der Brokkolisauce übergießen.

Mit frisch geriebenem Parmesan bestreuen und servieren.

Asiatische Brokkolipfanne

• ZUTATEN:

400 g Brokkoli
100 g Karotten (Möhren)
4 Schweineschnitzel
Salz, Pfeffer
1 EL Speisestärke
2 Knoblauchzehen
4 EL Öl
3 EL Sojasauce
125 ml Fleischbrühe
eine Prise Zucker

Besonders gut mit Jasminreis (in Chinageschäften erhältlich)!

Brokkoli waschen und in Röschen teilen. Karotten (Möhren) waschen, putzen und in Streifen schneiden. Fleisch salzen, pfeffern, ebenfalls in Streifen schneiden und mit der Speisestärke vermengen.

Nun das Öl erhitzen und das Fleisch beidseitig anbraten und beiseite stellen. Brokkoli und Karotten (Möhren) im Fett anbraten. Die zerdrückten Knoblauchzehen, den Zucker, die Fleischbrühe und die Sojasauce dazugeben und das Gemüse köcheln lassen. Zum Schluss das gebratene Fleisch zugeben und nochmals abschmecken.

Erbsen

Erbsensuppe „nordische Art"

• **ZUTATEN:**

300 g ausgelöste Erbsen
1 Zwiebel
1 EL Butter
1 Liter Gemüsebrühe
125 ml Obers (Sahne)
1 EL gehackte Kräuter
150 g Räucherlachs
Salz, Pfeffer

In einem Topf die Butter schmelzen lassen und die klein geschnittene Zwiebel mit den Kräutern darin anrösten. Mit Gemüsebrühe aufgießen. Erbsen und Obers (Sahne) dazugeben und zugedeckt bei niedriger Hitze ca. 10 Min. köcheln lassen. Die Hälfte der Suppe pürieren. Die zweite Hälfte der Suppe dazugießen, umrühren und den in Streifen geschnittenen Räucherlachs in die Suppe geben.

Risipisi „Sophie"

Statt Reis kann auch Hirse verwendet werden.

• **ZUTATEN:**

500 g ausgelöste Erbsen
250 g Rundkornreis
1 Zwiebel
2 EL Butter
750 ml Gemüsebrühe
100 ml Weißwein
Petersilie
Salz, Pfeffer
3 EL geriebener Parmesan

Zwiebel schälen, klein schneiden und in Butter glasig dünsten. Den gewaschenen Reis zugeben und unter ständigem Rühren mitdünsten. Die Erbsen dazugeben. Die Gemüsebrühe und den Wein in Etappen zugießen. Wenn der Reis gar ist, fein gehackte Petersilie und geriebenen Parmesan einstreuen.

Nudeln mit Erbsen und Schinken

• ZUTATEN:

500 g ausgelöste Erbsen
40 g Butter
125 ml Obers (Sahne)
2 EL Wasser
100 g Rohschinken
60 g geriebener Parmesan
Salz, Pfeffer
500 g Bandnudeln

Butter zerlassen und die Erbsen, den fein geschnittenen Rohschinken und das Wasser dazugeben und köcheln lassen. Mit Obers (Sahne) aufgießen und etwas einkochen lassen. Die Nudeln al dente kochen und mit der Erbsensauce, dem Parmesan, Salz und Pfeffer vermischen.
Heiß servieren.

Truthahnbrust mit Obers und Erbsen

• ZUTATEN:

500 g ausgelöste Erbsen
1 EL Butter
1 kleine Zwiebel
50 g Rohschinken
(nach Bedarf und Geschmack)
4 Truthahnschnitzel
1 EL Mehl
2 EL Olivenöl
125 ml Obers (Sahne)
3 EL Wein
Salz, Pfeffer
geriebene Muskatnuss

Die Butter in einem Topf schmelzen lassen und die fein geschnittene Zwiebel darin glasig dünsten. Erbsen und etwas Wasser dazugeben und weich dünsten. Den fein geschnittenen Rohschinken unterrühren und mit Salz und Pfeffer abschmecken. Die Truthahnschnitzel klopfen, salzen, pfeffern, mit Mehl bestäuben und in Olivenöl beidseitig anbraten.
Mit dem Wein ablöschen. Die Erbsen mit dem Obers (der Sahne) verrühren und noch kurz köcheln lassen. Mit Salz, Pfeffer und Muskatnuss abschmecken und über das Fleisch gießen.

Fenchel

Fenchelsuppe „Windstill"

• ZUTATEN:

2 Knollen Fenchel
50 g Butter
1 Liter Gemüsebrühe
60 ml Obers (Sahne)
Salz, Pfeffer
eventuell Fenchelsamen

Den Fenchel waschen, putzen, halbieren und in Streifen schneiden. Butter in einem Topf zergehen lassen und den Fenchel sowie die Fenchelsamen kurz anrösten. Mit der Gemüsebrühe aufgießen und die Suppe bei mittlerer Hitze ca. 30 Min. köcheln lassen. Anschließend das Obers (die Sahne) dazugeben und die Suppe fein pürieren.

Fenchel in Obers

• ZUTATEN:

4 Knollen Fenchel
2 EL Butter
Salz
125 ml Obers (Sahne)
5 EL Parmesan

Jede Fenchelknolle längs in 6 Stücke zerteilen und 5 Min. blanchieren.
In einem Topf die Butter schmelzen lassen, die Fenchelstücke dazugeben, salzen und bei schwacher Hitze weich dünsten. Obers (Sahne) nach und nach zugeben. Wenn der Fenchel weich ist, den geriebenen Parmesan darüber streuen und zugedeckt schmelzen lassen.

Gefüllter Fenchel „Petri Heil"

• ZUTATEN:

4 Knollen Fenchel
300 g Fischfilets
Saft einer Zitrone
1 Zwiebel
2 EL Butter
2 Karotten (Möhren)
2 Eier
40 g Semmelbrösel (Paniermehl)
Salz, Pfeffer
etwas Gemüsebrühe (bei Bedarf)

• BACKTEMPERATUR: *180 Grad*

• BACKZEIT: *20 Minuten*

Die Fischfilets salzen und mit Zitronensaft beträufeln. Den Fenchel waschen, putzen, halbieren und in Salzwasser bissfest kochen. Den Fenchel aushöhlen und das Innere klein schneiden.
Die Fischfilets klein schneiden. Die Zwiebel in Butter glasig dünsten, die geschnittenen Fischfilets und das geschnittene Fenchelinnere dazugeben und mitdünsten. Die Karotten (Möhren) grob reiben. Nun Eier, Karotten (Möhren), Fischmasse und Semmelbrösel (Paniermehl) vermengen, mit Salz und Pfeffer abschmecken und in die ausgehöhlten Fenchelhälften füllen.
In einer feuerfesten Form 1 EL Butter zerlassen, die Fenchelhälften hineinstellen, eventuell etwas Gemüsebrühe zugeben und im Backrohr backen.

Fisolen (Grüne Gartenbohnen)

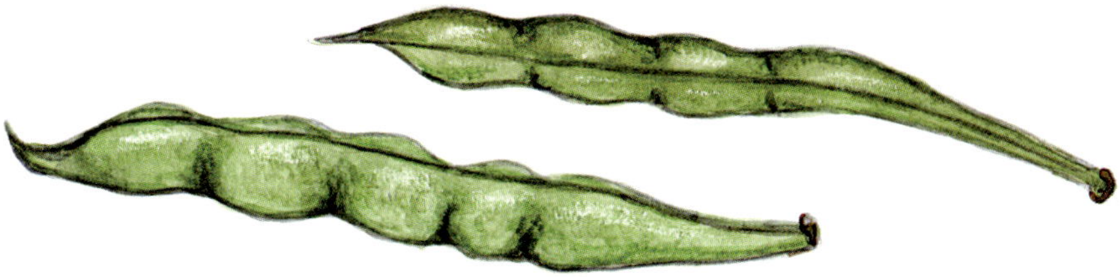

Fisolensuppe

• ZUTATEN:

500 g Fisolen (grüne Gartenbohnen)
1,5 Liter Gemüsebrühe
3 bis 4 Knoblauchzehen
5 Tomaten (püriert)
250 ml Sauerrahm (Saure Sahne)
3 EL Mehl
Salz
Pfeffer

Eine Spezialität aus Siebenbürgen

Die Fisolen (Bohnen) waschen und in 2 cm lange Stücke schneiden. Die Gemüsebrühe aufkochen und die Fisolenstücke (Bohnenstücke) darin weich kochen. Die Knoblauchzehen zerdrücken und dazugeben. Die pürierten Tomaten in die Suppe rühren. Mehl und Sauerrahm (Saure Sahne) gut verrühren, zur Suppe geben und noch einmal leicht köcheln lassen. Zum Schluss mit Salz und Pfeffer abschmecken.

Fisolensalat

• ZUTATEN:

500 g Fisolen (grüne Gartenbohnen)
6 EL Olivenöl
Saft einer halben Zitrone
Salz, Pfeffer
3 kleine Zwiebeln
2 EL frisch gehackte Petersilie
1 Knoblauchzehe

Die Fisolen (Bohnen) in Salzwasser mindestens 10 Min. bissfest kochen. Olivenöl, Zitronensaft, Salz und Pfeffer verrühren und über die lauwarmen Fisolen (Bohnen) gießen. Kurz ziehen lassen. Die Zwiebeln in feine Ringe schneiden, dann die zerdrückte Knoblauchzehe und die Petersilie unter den Salat mengen.

Bunter Fisolensalat

• ZUTATEN:

250 g Fisolen (grüne Gartenbohnen)
80 g Rohschinken
80 g Käse
1 Tomate
2 EL Essig
3 EL Öl
1 kleine Zwiebel
1 Knoblauchzehe
Salz, Pfeffer
1/2 TL Senf
eine Prise Zucker
frisches Bohnenkraut

Die Fisolen (Bohnen) in Salzwasser mindestens 10 Min. bissfest kochen. Schinken und Käse in feine Streifen, die Tomate in Scheiben schneiden. Öl, Essig und gehackte Zwiebel sowie die zerdrückte Knoblauchzehe, Salz und Pfeffer, Bohnenkraut, Senf und Zucker zu einer Marinade rühren, über die Fisolen (Bohnen) gießen und etwas ziehen lassen.

Fisolengulasch

• ZUTATEN:

500 g Fisolen (grüne Gartenbohnen)
1 große Zwiebel
1 EL Butter
1 EL Paprikapulver
1 rote Paprikaschote
1 Tomate
1 EL Petersilie
50 g Speck
1 Knoblauchzehe
1 EL Mehl
250 ml Gemüsebrühe
2 EL Obers (Sahne)
Salz, Pfeffer

Fisolen (Bohnen) waschen, putzen und blanchieren. Den fein geschnittenen Speck, die in Ringe geschnittene Zwiebel, die gehackte Petersilie und die zerdrückte Knoblauchzehe anrösten. Anschließend den in Streifen geschnittenen Paprika und die geviertelte Tomate dazugeben. Mit Paprikapulver und Mehl stauben und mit der Gemüsebrühe aufgießen. Die Fisolen (Bohnen) dazugeben und alles weich dünsten. Zum Schluss mit Obers (Sahne), Salz und Pfeffer abschmecken.

Gurken

Erfrischende Gurkensuppe

• **ZUTATEN:**

500 ml Sauermilch
150 g geschälte und entkernte Salatgurken
2 EL frischer Dill (gehackt)
Salz, Pfeffer
zerdrückter Knoblauch (nach Bedarf und Geschmack)

Gurke fein reiben, mit der Sauermilch vermischen, Dill und Gewürze untermengen und 12 Stunden zugedeckt im Kühlschrank ziehen lassen. In gekühlten Tellern servieren.

Eine erfrischende Suppe an heißen Sommertagen

Gurken-Schinken-Aufstrich

• **ZUTATEN:**

180 g Gurken
150 g Schinken
125 g Crème fraîche
2 EL Topfen (Quark)
1 TL Borretsch oder Petersilie
Salz, Pfeffer

Gurke waschen, schälen, grob raspeln, salzen, in ein Sieb leeren und ausdrücken. Den Schinken in feine Streifen schneiden. Die Gurken mit der Crème fraîche und dem Topfen vermengen. Den Schinken einrühren und mit Borretsch oder Petersilie, Salz und Pfeffer abschmecken.

Lachs in Gurkensauce

• ZUTATEN:

4 Lachsfilets
Saft einer Zitrone
Salz, Pfeffer
1 EL Butter
1 Salatgurke
125 ml Weißwein
125 g Crème fraîche
1 kleiner Bund Dill

• BACKTEMPERATUR: *200 Grad*
• BACKZEIT: *ca. 30 Minuten*

Lachsfilets waschen, salzen, pfeffern und mit dem Zitronensaft beträufeln.
Die Gurke schälen, längs halbieren, entkernen und in 1,5 cm dicke Stücke schneiden. Die Butter erhitzen, nun die Gurkenstückchen dazugeben und anbraten. Mit dem Weißwein aufgießen und kochen lassen. Nun die Crème fraîche dazugeben und köcheln lassen. Die Gurkensauce mit Salz, Pfeffer und gehacktem Dill abschmecken.
Die Lachsfilets aus der Marinade nehmen und in eine geölte, feuerfeste Form legen.
Die Gurkensauce darüber verteilen und zugedeckt im Backrohr braten lassen.

Karfiol (Blumenkohl)

Feine Karfiolsuppe

• **ZUTATEN:**

1 mittelgroße Rose Karfiol (Blumenkohl)
3 mehlige Kartoffeln
500 ml Gemüsebrühe
500 ml Milch
Salz
geriebene Muskatnuss
125 ml Obers (Sahne)
1 Bund Petersilie

Karfiol (Blumenkohl) putzen, waschen und in Röschen teilen. Kartoffeln schälen und klein schneiden. Die Gemüsebrühe und die Milch aufkochen, das Gemüse darin weich kochen, einige Karfiolröschen jedoch schon in bissfestem Zustand herausnehmen. Alles pürieren. Mit Salz, Muskatnuss und Obers (Sahne) verfeinern und mit Petersilie bestreut servieren.

Karfiol mit Bröselhaube

• **ZUTATEN:**

1 Rose Karfiol (Blumenkohl)
3 EL Semmelbrösel (Paniermehl)
80 g Butter
1 hart gekochtes Ei
3 EL fein gehackte Petersilie
Salz

Den Karfiol (Blumenkohl) in Salzwasser bissfest kochen. Die Butter schmelzen lassen, Semmelbrösel (Paniermehl) darin rösten und das gekochte, gehackte Ei dazugeben. Die Masse über die Karfiolrose streuen und mit der gehackten Petersilie garnieren.

Karfiol mit Schnittlauchhaube

• ZUTATEN:

1 Rose Karfiol (Blumenkohl)
125 ml Sauerrahm (Saure Sahne)
1 Bund Schnittlauch
1 Glas Mayonnaise
(fertig oder selbst gemacht)
Salz, Pfeffer

Den Karfiol (Blumenkohl) in Salzwasser bissfest kochen. Den Sauerrahm (die Saure Sahne) mit der Mayonnaise verrühren und den fein geschnittenen Schnittlauch verrühren. Mit Salz und Pfeffer abschmecken und über die Karfiolrose (Blumenkohlrose) gießen.

Ideal für ein kaltes Buffet.
Sieht toll aus und schmeckt köstlich.

Karfiol im Käsehemd

• ZUTATEN:

1 große Rose Karfiol (Blumenkohl)
150 g Schinken
Salz
eine Prise Zucker
2 EL Milch

KÄSESAUCE:

2 EL Butter
1 EL Mehl
250 ml Milch
100 g geriebener Parmesan
Salz, Muskatnuss, Pfeffer

• BACKTEMPERATUR: *200 Grad*
• BACKZEIT: *ca. 30 Minuten*

Karfiol (Blumenkohl) in Röschen zerteilen, in Salzwasser ca. 10 Min. kochen lassen (Milch und Zucker ins Kochwasser, dann bleibt der Karfiol weiß) und abseihen. Den Karfiol in eine befettete Auflaufform geben, den würfelig geschnittenen Schinken und die Käsesauce darüber verteilen und überbacken.
Käsesauce: Butter zerlassen, Mehl zugeben und verrühren. Mit kalter Milch aufgießen und unter ständigem Rühren zum Kochen bringen. Parmesan einrühren und mit Salz, Pfeffer und Muskatnuss abschmecken.

Karotten (Möhren)

Karottensuppe „Karoline"

• ZUTATEN:

5 Karotten (Möhren)
750 ml Gemüsebrühe
3 bis 5 EL Crème fraîche

Die Karotten (Möhren) waschen, putzen, in Stücke schneiden und in der Gemüsebrühe ca. 30 Min. köcheln lassen. Mit Crème fraîche verrühren und anschließend die Suppe schaumig pürieren.

Karottenaufstrich „Langohr"

• ZUTATEN:

150 g Karotten (Möhren)
150 g Topfen (Quark)
2 EL Sauerrahm (Saure Sahne)
1 TL Zitronensaft
Salz, Pfeffer
1 EL Petersilie

Karotten (Möhren) waschen, putzen, fein reiben und mit dem Zitronensaft beträufeln. Den Topfen (Quark) mit Sauerrahm (Saurer Sahne) verrühren, die Karotten (Möhren) dazugeben, mit Salz und Pfeffer abschmecken und mit Petersilie bestreuen.

Karotten-Sellerie-Aufstrich

• ZUTATEN:

1 Karotte (Möhre)
1/4 Knolle Sellerie
2 Radieschen
250 g Topfen (Quark)
Knoblauch, Petersilie
Salz, Pfeffer

Karotte (Möhre), Sellerie und Radieschen fein reiben und mit dem Topfen (Quark) vermischen. Mit zerdrücktem Knoblauch, Petersilie, Salz und Pfeffer abschmecken.

Auf Vollkornbrotschnitten servieren!

Karotten-Apfel-Salat

• ZUTATEN:

500 g Karotten (Möhren)
2 geraspelte Äpfel

MARINADE:

2 EL Zitronensaft
3 EL Öl; Salz, Zucker

Die Karotten (Möhren) fein reiben und mit den Äpfeln vermischen. Die Zutaten für die Marinade in ein Glas mit Deckel geben, kräftig durchschütteln und über die Karotten (Möhren) gießen.

Wurzelfleisch „Silvester"

• ZUTATEN:

4 Karotten (Möhren)
2 Petersilienwurzeln
300 g Knollensellerie
2 Zwiebeln
800 g Schweinestelzen (Schweinebeine) oder Schweineschulter oder gemischt
1 EL Essig, 2 Knoblauchzehen
3 Lorbeerblätter
1 Bund Petersilie
Pfefferkörner
Kren (Meerrettich)
2 bis 3 Liter Wasser

In einem Topf Salzwasser, Essig, Gewürze, halbierte Zwiebeln, Knoblauchzehen und das Fleisch aufkochen lassen. So lange köcheln lassen, bis das Fleisch weich ist. In der Zwischenzeit die Karotten (Möhren), die Petersilienwurzeln und den Sellerie stiftelig schneiden und in der Fleischsuppe bissfest kochen. Alles in einer Suppenschüssel mit viel geriebenem Kren (Meerrettich) servieren. Als Beilage gekochte Kartoffeln reichen.

Kartoffeln

Feinschmecker-Kartoffelsuppe

• ZUTATEN:

1 Zwiebel
500 g Kartoffeln
Petersilie, Thymian
Majoran, Muskatnuss,
Lorbeerblatt (frisch)
Salz, Pfeffer
2 EL Öl
eventuell getrocknete Pilze
1 Liter Gemüsebrühe
1 EL Obers (Sahne)

Ausgezeichnet für kalte Herbsttage!

Kartoffeln waschen, schälen und würfelig schneiden. Zwiebel und Petersilie in Öl anrösten. Die Kartoffeln, die Kräuter und eventuell die Pilze dazugeben, mit der Gemüsebrühe aufgießen und alles weich kochen. Mit Salz und Pfeffer abschmecken. Vor dem Servieren mit Obers (Sahne) verfeinern.

Kartoffel-Knoblauch-Aufstrich

• ZUTATEN:

- 4 mittelgroße Kartoffeln
- 3 Knoblauchzehen
- 4 EL Olivenöl
- 2 TL Essig
- Salz, Pfeffer
- Thymian

Die gekochten Kartoffeln durch die Kartoffelpresse drücken. Mit dem zerdrückten Knoblauch, dem Olivenöl und dem Essig zu einem Brei verrühren. Mit Salz, Pfeffer und Thymian abschmecken.

Den Aufstrich auf getoastetem Weißbrot servieren!

Warmer Kartoffelkäse

• ZUTATEN:

- 500 g Kartoffeln
- 300 g Zwiebeln
- 4 EL Butter
- 2 Knoblauchzehen
- Salz
- Pfeffer

Kartoffeln waschen und mit der Schale dünsten.
In der Zwischenzeit Butter schmelzen lassen. Die fein gehackten Zwiebeln und die zerdrückten Knoblauchzehen darin rösten. Die geschälten Kartoffeln durch die Kartoffelpresse drücken und mit dem Zwiebel-Knoblauchgemisch vermengen. Mit Salz und Pfeffer abschmecken und noch warm mit Schwarzbrot servieren.

Bereitet man die doppelte Menge, so hat man bereits die Füllung für „Gefüllte Paprika mit Kartoffelkäse" (siehe Seite 56)

Herzhafter Kartoffelkäse

Auf Bauernbrot mit Schnittlauch bestreut eine herzhafte Mahlzeit!

• ZUTATEN:

200 g mehlige Kartoffeln
125 ml Sauerrahm (Saure Sahne)
2 Knoblauchzehen
1 kleine Zwiebel
3 EL Schnittlauch
oder andere frische Kräuter
Salz, Pfeffer

Die gekochten und geschälten Kartoffeln auskühlen lassen und durch die Kartoffelpresse drücken. Anschließend mit dem Sauerrahm (der Sauren Sahne), der fein geschnittenen Zwiebel und den zerdrückten Knoblauchzehen verrühren.
Mit Schnittlauch, Salz und Pfeffer abschmecken.

Überraschungskartoffeln

• ZUTATEN: *4 mittelgroße Kartoffeln*

• BACKTEMPERATUR: *250 Grad*
• BACKZEIT: *60 Minuten*

Die Kartoffeln waschen und mit der Schale in Folie wickeln. Im Backrohr backen. Folie öffnen, Kartoffeln einschneiden und mit einer Kräutersauce füllen.

Mit einer Kräuter- oder Knoblauchsauce servieren (siehe Seite 95)

Kartoffeln aus dem Backrohr

• ZUTATEN:

12 Kartoffeln
3 Knoblauchzehen
4 EL Öl
2 TL gemahlener Kümmel
Salz

• BACKTEMPERATUR: *180 Grad*
• BACKZEIT: *ca. 60 Minuten*

Backrohr vorheizen.
Ungeschälte Kartoffeln gründlich waschen, halbieren (große Kartoffeln werden geviertelt) und in eine feuerfeste Form geben. Öl darüber gießen, mit Kümmel und Salz würzen und im Backrohr backen.

Mit Rosmarin statt Kümmel gewürzt schmecken die Kartoffeln besonders köstlich zu italienischen Gerichten!

Kartoffeln „Sesam öffne dich"

• ZUTATEN:

8 Kartoffeln
Butter
Salz
Sesam

Die Kartoffeln kochen, schälen und salzen. Butter zerlassen, die Sesamkörner kurz anrösten und die Kartoffeln darin wälzen.

Kartoffelpüree mit Röstzwiebel

• ZUTATEN:

500 g mehlige Kartoffeln
50 g Butter
60 ml heiße Milch
Salz, Muskatnuss

• RÖSTZWIEBEL:

1 Zwiebel
1 EL Mehl
1/2 TL Paprikapulver
Öl

...

• • •

Kartoffeln waschen, dämpfen, schälen und noch heiß durch eine Kartoffelpresse drücken. Milch und Butter einrühren. Das Püree mit Salz und Muskatnuss würzen und mit Röstzwiebel garnieren. Für die Röstzwiebel die Zwiebel fein hacken, im Gemisch aus Mehl und Paprikapulver wenden und in heißem Öl knusprig braten.

Probieren Sie auch einmal ein Kartoffel-Karottenpüree! Die Hälfte der Kartoffeln wird durch gekochte Karotten ersetzt.

Kartoffelsalat mit Lachs

Ein Salat für Feinschmecker!

• ZUTATEN:

500 g speckige (fest kochende) Kartoffeln
5 EL Essig
3 EL Öl
3 EL Wasser
1 TL Senf
1 TL Zucker
Salz
Pfeffer
100 g Räucherlachs (in Scheiben geschnitten)
frische Petersilie

ÜBERGUSS:

250 ml Sauerrahm (Saure Sahne)
5 EL roter Kaviar
Salz
Pfeffer
Schnittlauch

Die gekochten Kartoffeln noch warm in nicht zu dünne Scheiben schneiden. Essig, Öl, Wasser, Senf, Zucker, Salz und Pfeffer verrühren und die Kartoffelscheiben damit marinieren. Für den Überguss den Sauerrahm (die Saure Sahne) mit Salz und Pfeffer verrühren, den fein geschnittenen Schnittlauch und den Kaviar unterrühren. Diese Sauce über die Kartoffeln gießen. Den Lachs in kleine Streifen schneiden und den Salat mit der Petersilie dekorieren.

Sämiger Kartoffelsalat

• ZUTATEN: *1 kg speckige (fest kochende) Kartoffeln*
1 Zwiebel
2 EL Apfelessig
4 EL Sonnenblumenöl
Pfeffer aus der Mühle
etwas Wasser
1 Prise Paprikapulver
viel Salz

Die Kartoffeln kochen, schälen und blättrig schneiden. Die Zwiebel schälen und fein hacken. Marinade aus Essig, Öl, Paprikapulver, Salz und Pfeffer über den lauwarmen Salat gießen.

Kartoffelgratin mit Curry

• ZUTATEN: *600 g speckige (fest kochende) Kartoffeln*
1 EL Butter
125 ml Obers (Sahne)
125 ml Milch
Salz, Pfeffer
1 EL Curry
3 El geriebener Parmesan
Butterflöckchen

• BACKTEMPERATUR: *180 Grad*
• BACKZEIT: *45 Minuten*

Die rohen, geschälten Kartoffeln in 3 mm dicke Scheiben schneiden. Eine Auflaufform einfetten und die Kartoffeln dachziegelartig einschichten. Butter erhitzen und den Curry darin anschwitzen, mit Obers (Sahne) und Milch aufgießen, mit Salz und Pfeffer abschmecken und über die Kartoffeln gießen. Mit Parmesan bestreuen und im Backrohr goldgelb backen.

Kartoffelauflauf „schwedische Art“

• ZUTATEN: *8 Kartoffeln*
2 Zwiebeln
30 g Butter
20 Stück Anchovisfilets (Sardellenfilets)
250 ml Obers (Sahne)
1 Hand voll Semmelbrösel (Paniermehl)
Salz, Pfeffer
1 EL Butterflöckchen

• • •

• • •

• **BACKTEMPERATUR:** *200 Grad*
• **BACKZEIT:** *40 Minuten*

Leicht aufzuwärmen, wenn man noch etwas Obers (Sahne) darüber gießt.

Backrohr vorheizen.
Die Zwiebeln in feine Ringe schneiden und in der Butter goldgelb rösten. Die rohen Kartoffeln schälen und in dünne Scheiben schneiden.
Eine feuerfeste Auflaufform mit Butter ausstreichen und eine Schicht Kartoffeln einlegen. Darüber eine Schicht Zwiebeln und eine Schicht Sardellenfilets, dann die restlichen Kartoffeln. Zwischen den Lagen mit Pfeffer und eventuell Salz würzen. Mit 60 ml Liter Obers (Sahne) begießen, die Semmelbrösel (das Paniermehl) darüber streuen und mit Butterflöckchen bedecken. Im vorgeheizten Backrohr 30 Min. backen, die restliche Sahne darüber gießen und weitere 10 Min. fertig backen.

Kartoffelpuffer im Herbstkleid

Besonders gut schmecken dazu Apfelmus und Preiselbeeren. Ein ideales „Herbstessen"!

• **ZUTATEN:**

500 g Kartoffeln
3 EL Mehl
2 Eier
Salz
1 Knoblauchzehe
Pfeffer aus der Pfeffermühle

Die rohen Kartoffeln schälen, waschen, abtrocknen und grob reiben. Sofort mit den anderen Zutaten vermischen, da die Kartoffeln sonst braun werden. Mehl und Eier dazurühren und mit Salz und Knoblauch würzen. Mit einem Esslöffel aus der Teigmasse kleine Fladen entnehmen und in sehr heißem Fett auf beiden Seiten goldbraun braten.
Mit frisch gemahlenem Pfeffer aus der Pfeffermühle bestreuen.

Knoblauch

Knoblauchsuppe „Atemfrisch"

• ZUTATEN:

1,5 Liter Gemüsebrühe
50 g Mehl
10 Knoblauchzehen
Salz, Pfeffer
125 g Crème fraîche
etwas Obers (Sahne)
Semmelwürfel
(würfelig geschnittene Brötchen)

Gemüsebrühe aufkochen lassen. Mehl mit etwas Wasser verquirlen und in die Brühe gießen. Die Knoblauchzehen zerdrücken und dazurühren. Mit Salz, Pfeffer und Crème fraîche abschmecken und mit etwas Obers (Sahne) verfeinern.

Die Suppe mit gerösteten Semmelwürfeln (in kleine Würfel geschnittene Brötchen) bestreut servieren.

Knoblauch-Gurkensauce

• ZUTATEN:

1 mittelgroße Gurke
500 ml Joghurt
1 EL Olivenöl
1 TL Essig
1/2 TL Salz
1 TL gehackter Dill
2 Knoblauchzehen

Die Gurke schälen und fein reiben. Das Joghurt mit Olivenöl, Essig, Salz, Dill, Gurke und den zerdrückten Knoblauchzehen verrühren. Die Masse ca. 1 Stunde zugedeckt im Kühlschrank ziehen lassen.

Nudeln mit Knoblauch-Basilikum-Sauce

• ZUTATEN:

3 Knoblauchzehen
30 g Pinienkerne
1 Bund frisches Basilikum
1/2 TL Salz
8 EL Olivenöl
2 EL Parmesan
500 g Spaghetti oder Penne

Die Knoblauchzehen, die Pinienkerne, das Olivenöl, das fein geschnittene Basilikum und das Salz vermischen und pürieren. Anschließend den geriebenen Parmesan dazurühren. Die Sauce mit den bissfest gekochten Nudeln vermengen.

Kohlrabi

Kohlrabisuppe „Frühlingserwachen"

• ZUTATEN:

2 Kohlrabi
1 EL Butter
1 kleine Zwiebel
250 ml Gemüsebrühe
125 ml Obers (Sahne)
1 Bund Schnittlauch
Salz, Pfeffer

Kohlrabi schälen und in kleine Würfel schneiden. Die Butter zergehen lassen und die fein gehackte Zwiebel darin anrösten. Kohlrabi dazugeben, mit Gemüsebrühe aufgießen und weich dünsten. Mit Obers (Sahne), Salz und Pfeffer verfeinern, und mit fein geschnittenem Schnittlauch servieren.

Kann bereits am Vortag zubereitet werden – eine ideale Vorspeise, wenn Gäste kommen!

Kohlrabiterrine

• ZUTATEN:

500 g Kohlrabi
1 EL Butter
250 ml Gemüsebrühe
6 Blatt Gelatine
120 g Räucherlachs (dünn geschnitten)
250 ml Obers (Sahne)

Gelatine in kaltem Wasser einweichen. Geschälten Kohlrabi in kleine Würfel schneiden und in Butter anrösten. Mit Suppe aufgießen und das Gemüse weich dünsten. Den weich gekochten Kohlrabi fein pürieren, mit Salz und Pfeffer abschmecken. Die ausdrückte Gelatine im heißen Gemüsepüree auflösen.
Eine Rehrückenform mit Frischhaltefolie auslegen und mit den Lachsscheiben auskleiden. In das abgekühlte Kohlrabipüree das geschlagene Obers (die geschlagene Sahne) vorsichtig unterheben. Das Mus in die Form füllen, mit Frischhaltefolie zudecken und einige Stunden kühl stellen. Vor dem Servieren die Folie abziehen, das Mus aus der Form stürzen und am bestem mit dem Elektromesser in Scheiben schneiden.

Kohlrabi in Kräuterhülle

• ZUTATEN:

1 Kohlrabi
Salz, Pfeffer
120 g Mehl
Mehl zum Wenden
1 Ei
125 ml Mineralwasser
1 EL gehackte Kräuter (Petersilie, Schnittlauch, Dill)
Fett zum Backen

Kohlrabi schälen und in ca. 1 cm dicke Scheiben schneiden. 5 Min. in Salzwasser kochen, aus dem Wasser nehmen und abkühlen lassen. Inzwischen aus Mehl, Ei, Mineralwasser, den gehackten Kräutern, Salz und Pfeffer einen Teig rühren.
Die Kohlrabischeiben zuerst in Mehl und dann im Teig wenden. In heißem Fett etwa 3 Min. goldgelb backen.

Kraut (Kohl)

Krautsuppe

• **ZUTATEN:**

1/2 kleiner Kopf Weißkraut (Weißkohl)
1 El Öl
1,5 Liter Gemüsebrühe
1 Zwiebel
250 g magerer Speck
1 kleine Sellerieknolle
1 Karotte (Möhre)
Salz, Pfeffer

Die fein geschnittene Zwiebel und den Speck in Öl anrösten. Das geputzte und in feine Streifen geschnittene Gemüse dazugeben und kurz mitrösten. Würzen, mit der Gemüsebrühe aufgießen und alles weich kochen.

Kalter Krautsalat

• **ZUTATEN:**

1 kg Weißkraut (Weißkohl)
Kümmel, Salz
1 kleine Zwiebel
etwas Öl
eine Prise Zucker, Salz, Pfeffer
Essig

Das Weißkraut (den Weißkohl) waschen, fein hobeln, mit Salz und Kümmel bestreuen und einige Zeit ziehen lassen. Anschließend das Weißkraut (den Weißkohl) gut ausdrücken, mit der fein geschnittenen Zwiebel vermengen und mit Essig, Öl, Zucker, Salz und Pfeffer abschmecken.

Pikanter Krautsalat

• ZUTATEN:

1 Kopf Weißkraut (Weißkohl)
1 Dose geschnittene Ananas mit Saft
125 ml Sauerrahm (Saure Sahne)
125 ml Obers (Sahne)
Salz

Das Weißkraut (den Weißkohl) fein hobeln. Mit den geschnittenen Ananas und dem Saft vermengen. Sauerrahm (Saure Sahne), Obers (Sahne) und Salz gut verrühren und mit dem Weißkraut (dem Weißkohl) vermischen.

Warmer Krautsalat

• ZUTATEN:

1 kleiner Kopf Weißkraut (Weißkohl)
Salz
1 TL Zucker
Öl, Essig
Kümmel (nach Geschmack)
Speckwürfel

Das Weißkraut (den Weißkohl) fein hobeln und salzen. Essig, Öl, Kümmel, Zucker und Wasser verrühren und kurz aufkochen lassen. Diese Marinade über das Weißkraut gießen und ziehen lassen. Wieder in einen Topf abseihen, Marinade erneut aufkochen und über das Weißkraut gießen. Mehrmals wiederholen. Mit gerösteten Speckwürfeln bestreuen.

Krautfleckerln

• ZUTATEN:

350 g Fleckerln (Nudeln)
500 g Weißkraut (Weißkohl)
4 EL Öl
1 EL Zucker
1 kleine Zwiebel
1 KL Essig
1 KL Kümmel
Salz, Pfeffer

Die Fleckerln (kleine, quadratische Nudelteigstücke) in Salzwasser bissfest kochen, abseihen und mit kaltem Wasser abschrecken. Das Kraut putzen, den Strunk entfernen und fein schneiden. Das Fett erhitzen und den Zucker dazugeben und bräunen. Die fein gehackte Zwiebel dazugeben. Alles kurz durchrösten, mit dem Essig ablöschen. Nun das Kraut dazugeben und salzen. Bei kleiner Flamme zugedeckt weich dünsten. Eventuell muss etwas Wasser zugegeben werden. Das fertig gedünstete Kraut mit Salz, Pfeffer und Kümmel abschmecken und die gekochten Fleckerln (Nudeln) dazumischen. Alles zusammen kurz erhitzen und servieren.

Krautschnecken „Werner"

- **ZUTATEN:**
  - 300 g Weißkraut (Weißkohl)
  - 1 Zwiebel
  - 1 Knoblauchzehe
  - 100 g Speck
  - Öl zum Braten
  - 125 ml Gemüsebrühe
  - 125 ml Weißwein
  - Kümmel, Salz, Zucker
  - 1 Pkg. Blätterteig
  - 1 Eigelb und etwas Milch

- **BACKTEMPERATUR:** 200 Grad
- **BACKZEIT:** 20 Minuten

Das Weißkraut (den Weißkohl) waschen und fein hobeln. Öl erhitzen und die in Ringe geschnittene Zwiebel, die Knoblauchzehe und den Speck darin anrösten. Das Kraut und die Gewürze dazugeben, kurz mitrösten und mit Gemüsebrühe und Wein aufgießen. So lange kochen lassen, bis die Flüssigkeit verdunstet ist. Den Blätterteig ausrollen, die ausgekühlte Krautmasse darauf verteilen und wieder einrollen.

Nun die Rolle in 2 cm dicke Scheiben schneiden. Die Scheiben auf ein Blech legen. Eigelb mit Milch verquirlen („Dottermilch"), Scheiben damit bestreichen und im Backrohr goldgelb backen.

Krauteintopf „Gärtners Winterfreude"

- **ZUTATEN:**
  - 750 g Weißkraut (Weißkohl)
  - 500 g Schweinefleisch
  - Öl zum Braten
  - 3 Zwiebeln
  - 100 g Speck
  - 100 g Champignons
  - 3 EL Tomatenmark (oder Ketchup)
  - 2 Knoblauchzehen
  - 1 TL Kümmel
  - 2 TL Paprikapulver
  - 1 Lorbeerblatt
  - 1/2 Liter Weißwein
  - 2 TL Majoran; Salz

Speck und Zwiebeln fein schneiden und in Öl anbraten. Das würfelig geschnittene Schweinefleisch mitbraten. Das Weißkraut (den Weißkohl) grob schneiden und mit den blättrig geschnittenen Pilzen, dem Tomatenmark, den zerdrückten Knoblauchzehen und den Gewürzen vermengen. Gut durchrösten, mit dem Weißwein aufgießen und so viel Wasser dazugeben, dass das Weißkraut (der Weißkohl) bedeckt ist. Alles bei kleiner Hitze im zugedeckten Topf garen, bis das Fleisch weich ist.

Kürbis

Kürbiscremesuppe mit Sherry

• **ZUTATEN:**

1,5 kg Kürbisfleisch
1 Zwiebel
2 Knoblauchzehen
30 g Butter
1 Liter leichte Rindsuppe (ev. Würfel)
Salz, Pfeffer, Muskatnuss
ein Schuss Sherry
geröstete Kürbiskerne
Kürbiskernöl

In einem großen Topf den würfelig geschnittenen Kürbis, die Zwiebel und den zerdrückten Knoblauch in Butter anrösten. Mit etwas Sherry ablöschen, mit Suppe aufgießen und den Kürbis weich kochen. Gewürze dazugeben und alles fein pürieren.
Vor dem Servieren geröstete Kürbiskerne und einige Tropfen Kürbiskernöl auf die Suppe geben.

Die Farbe wird besonders schön mit Kürbis der Sorte 'Hokkaido'!

Kürbisaufstrich

• ZUTATEN:

200 g Kürbisfleisch (orange-fleischigen, z.B. 'Hokkaido')
200 g Frischkäse
1 EL Olivenöl
1 Knoblauchzehe
2 EL geröstete, gehackte Kürbiskerne
Salz, Pfeffer

Kürbis schälen, in kleine Stücke schneiden und in Olivenöl und eventuell etwas Wasser weich dünsten. Anschließend pürieren. Den Frischkäse mit dem Kürbispüree verrühren und die zerdrückte Knoblauchzehe dazugeben. Mit Salz und Pfeffer abschmecken. Vor dem Servieren die Kürbiskerne unterheben.

Schmeckt sehr gut auf Kürbiskernbrot!

Kürbis-Vogerl(Feld-)salat

• ZUTATEN:

100 g Vogerlsalat (Feldsalat)
Olivenöl
1 Knoblauchzehe
200 g Kürbisfleisch
ein Schuss Weißwein

MARINADE:

3 EL Essig
5 EL Öl
Salz, Pfeffer

Vogerlsalat (Feldsalat) waschen und trockenschleudern. Das Olivenöl erhitzen und die zerdrückte Knoblauchzehe darin anrösten. Kürbis schälen, in Würfel schneiden und mitrösten. Mit Wein aufgießen und bissfest dünsten lassen.
Die Zutaten für die Marinade in ein Glas mit Deckel geben, gut durchschütteln und über den mit den Kürbiswürfeln belegten Vogerlsalat (Feldsalat) gießen.

Kürbisknödel „Halloween"

• ZUTATEN:

200 g gekochte Kartoffeln
200 g Kürbisfleisch
80 g geriebener Käse
100 g Semmelbrösel (Paniermehl)
2 EL Mehl
3 Eier
Salz, Pfeffer
Muskatnuss
Butter
2 Knoblauchzehen
1 Zwiebel
ev. Petersilie

Die fein geschnittene Zwiebel, die zerdrückten Knoblauchzehen und die Petersilie in Butter andünsten. Das Kürbisfleisch in wenig Wasser weich dünsten. Anschließend mit dem Pürierstab die Masse zerkleinern. Mit den geriebenen Kartoffeln, dem geriebenen Käse, Semmelbröseln (Paniermehl), Mehl und Eiern vermengen. Mit Salz, Pfeffer und Muskatnuss abschmecken. Die Knödel (Klöße) in Salzwasser kochen. Eventuell mit in Butter gerösteten Schinkenstreifen garnieren.

Statt des Kürbis können Sie auch Blattspinat verwenden.

Kürbisnockerln mit Salbeibutter

• ZUTATEN:

200 g orange-fleischiger Kürbis
300 g griffiges Weizenmehl (D: Type 405)
2 Eier
125 ml Milch
Salz
etwas Butter
frische Salbeiblätter

Kürbis schälen, in Stücke schneiden, in wenig Salzwasser weich kochen und pürieren. Milch mit Eiern verquirlen, Mehl und Kürbispüree dazugeben und salzen. Mit einem Teelöffel kleine Nockerln (Klößchen) in Salzwasser einlegen und kochen. Eventuell Probenockerln (-klößchen) machen.

Salbeibutter: Butter schmelzen lassen und frische Salbeiblätter darin anrösten.

Kürbissauce für Nudeln

• **ZUTATEN:**

300 g Kürbisfleisch
2 Zwiebeln
2 Knoblauchzehen
Olivenöl zum Anrösten
Petersilie
125 ml Gemüsebrühe
125 ml Sherry
125 ml Obers (Sahne)
Salz, Pfeffer, Parmesan

Kürbisfleisch in Würfel schneiden. Die Zwiebeln fein schneiden und mit den Knoblauchzehen in Olivenöl goldbraun rösten. Die Petersilie kurz mitrösten, die Kürbiswürfel dazugeben und mit der Gemüsebrühe und dem Sherry aufgießen. Etwas einkochen lassen und dann mit dem Obers (der Sahne) verfeinern. Mit Salz und Pfeffer würzen.

Schwarze (mit Tintenfisch eingefärbte) Nudeln, mit der orangen Sauce serviert, geben ein lustiges Halloween-Gericht!

Kürbisrisotto

• **ZUTATEN:**

500 g Kürbisfleisch (Möglichst einen gelben, süßlich schmeckenden Kürbis wählen!)
4 EL Olivenöl
1 kleine Zwiebel
1 Knoblauchzehe
300 g Risottoreis
300 ml Gemüsebrühe
150 ml Milch
150 ml Wein
Salz, Pfeffer
geriebene Muskatnuss
100 g geriebener Parmesan

Kürbisfleisch in Würfel schneiden. Das Öl erhitzen, die fein geschnittene Zwiebel und den zerdrückten Knoblauch darin glasig dünsten. Kürbis dazugeben, salzen und bei kleiner Hitze zu einem Mus kochen. Eventuell schon etwas von der Gemüsebrühe beigeben. Den Reis zugeben und mit den Flüssigkeiten nach und nach aufgießen. Mit Salz, Pfeffer und Muskatnuss würzen und mit Parmesan bestreut servieren.

Kürbis-Ratatouille

• **ZUTATEN:**
500 g Kürbisfleisch (am besten 'Hokkaido')
5 EL Olivenöl
4 Knoblauchzehen
250 g Tomaten
2 Paprikaschoten (Farbe nach Wahl)
3 Zwiebeln
250 ml Gemüsebrühe
Paprikapulver, Ingwer, Oregano
Salz, Pfeffer

Den Kürbis und die Paprikaschoten würfelig schneiden. Die Tomaten blanchieren, die Haut abziehen und pürieren. Die würfelig geschnittenen Zwiebeln und den fein gehackten Knoblauch in Olivenöl anrösten und den Kürbis, die Paprikaschoten und die Tomaten dazugeben. Mit Gemüsebrühe aufgießen und zugedeckt dünsten lassen. Mit Oregano, Pfeffer, Salz, Ingwer und Paprika würzen.

Mit Reis servieren!

Kürbis-Zwiebel-Puffer

• **ZUTATEN:**
500g Kürbisfleisch
4 Zwiebeln
2 Knoblauchzehen
4 EL gehackte Kräuter
3 Eier
4 EL Mehl
1 EL gehackte Kürbiskerne
Salz, Pfeffer
Olivenöl zum Ausbacken

Gibt auch milden Kürbissorten eine würzige Note.

Das Kürbisfleisch grob raspeln, die Zwiebeln in Ringe schneiden und die Knoblauchzehen zerdrücken. Eier, Mehl, Kräuter und Kürbiskerne verquirlen und mit dem Kürbisgemisch verrühren. Mit Salz und Pfeffer abschmecken. In einer Pfanne Olivenöl erhitzen und aus dem Teig kleine Puffer beidseitig goldbraun braten.

Lauch

Lauchsuppe

• **ZUTATEN:**

2 Stangen Lauch
2 EL Butter
Mehl zum Stauben
1 Liter Gemüsebrühe
1 Eigelb
125 ml Obers (Sahne)

Lauch putzen, halbieren und in feine Ringe schneiden. Butter zergehen lassen und Lauch darin andünsten. Mit Mehl stauben. Mit der Gemüsebrühe aufgießen und die Suppe köcheln lassen bis der Lauch weich ist. Eigelb und Obers (Sahne) verquirlen und in die Suppe einrühren. Nicht mehr aufkochen lassen.

Lauch-Nudel-Salat

• **ZUTATEN:**

300 g Lauch
300 g Spaghetti
1/2 Bund Basilikum
4 EL Olivenöl
1 EL Parmesan fein gerieben
3 EL Balsamico-Essig
10 Kirschtomaten
Salz, Pfeffer

Spaghetti in Salzwasser kochen. Den Lauch waschen, putzen und in feine Ringe schneiden. Bevor die Spaghetti abgeseiht werden, wird der Lauch noch ca. 1 Min. mitgekocht. Anschließend abseihen. Aus Öl, Essig, Salz und Pfeffer eine Marinade rühren und über die Lauch-Spaghettimischung gießen. Die halbierten Kirschtomaten dazugeben. Basilikumblättchen und Parmesan darüber streuen.

Auflauf im Lauchbeet

• ZUTATEN:

1 kg Lauch
200 g Schinken
200 g Parmesan
2 Eier
60 ml Sauerrahm (Saure Sahne)
Salz, Pfeffer und Muskatnuss
1 TL frisch gehackte Petersilie
1 Liter Gemüsebrühe

• BACKTEMPERATUR: *200 Grad*
• BACKZEIT: *30–40 Minuten*

Den Lauch in 5 cm lange Stücke schneiden und 10 Min. in der Gemüsebrühe kochen lassen. Gut abtropfen und die Hälfte davon in eine gefettete Auflaufform legen. Den Schinken in Streifen schneiden und über dem Lauch verteilen. Den Parmesan grob reiben und darüber geben, dann wieder Lauch, Schinken und mit Parmesan abschließen.

Den Sauerrahm (die Saure Sahne) mit den 2 Eiern und der Petersilie verrühren. Mit Salz, Pfeffer und Muskatnuss abschmecken, über das Gemüse gießen und im Backrohr backen.

Lauchstrudel „Ulli"

• ZUTATEN:

500 g Lauch
300 g Schinken
1 EL Olivenöl
Salz, Pfeffer
Muskatnuss
125 g Crème fraîche
20 g geriebener Käse
1 Eigelb zum Bestreichen
2 Strudelteigblätter

• BACKTEMPERATUR: *200 Grad*
• BACKZEIT: *ca. 30 Minuten*

Den Lauch waschen und nudelig schneiden. Schinken in Streifen schneiden und in Olivenöl kurz anrösten, dann den Lauch dazugeben und ca. 5 Min. mitdünsten. Mit Salz, Pfeffer und Muskatnuss abschmecken und nach dem Abkühlen mit Crème fraîche und dem geriebenen Käse vermischen. Die Füllung auf die Strudelteigblätter streichen, einrollen, mit Eigelb bestreichen und goldgelb backen.

Auch Topfenteig (Quark-Teig) – 250 g Butter, 250 g Mehl, 250 g Topfen (Quark), Salz – eignet sich hier und schmeckt!

Lauch-Quiche

• ZUTATEN:

TEIG:
200 g Mehl
100 g Butter
etwas kaltes Wasser

FÜLLUNG:
4 Eier
200 g Lauch
125 g geriebener Käse
250 ml Sauerrahm (Saure Sahne)
Salz, Pfeffer, Muskatnuss

• BACKTEMPERATUR: *200 Grad*
• BACKZEIT: *ca. 40 Minuten*

Schmeckt mit etwas Schinken gefüllt besonders gut!

Backrohr vorheizen.
Zutaten zu einem Teig kneten, ca. eine halbe Stunde im Kühlschrank ruhen lassen, ausrollen und eine Tortenform damit auslegen. Den Lauch waschen, putzen und in feine Ringe schneiden. Die Eier mit dem Sauerrahm (der Sauren Sahne) verrühren, Käse und Lauch dazugeben. Mit Salz, Pfeffer und Muskatnuss abschmecken. Die Füllung über den Teig gießen und im vorgeheizten Backrohr backen.

Lauchkuchen

• ZUTATEN:

GERMTEIG (HEFETEIG):
300 g Mehl
42 g Germ (Hefe)
125 ml Milch
eine Prise Zucker
1 Ei
60 g Butter
Kräutersalz

BELAG:
ca. 500 g geputzter und geschnittener Lauch
125 ml Sauerrahm (Saure Sahne)
3 Eier
geriebene Muskatnuss
100 g Schinken
100 g geriebener Käse

• BACKTEMPERATUR: *190 Grad*
• BACKZEIT: *ca. 40 Minuten*

Backrohr vorheizen.
Aus Germ (Hefe), Milch, etwas Mehl und etwas Zucker einen Vorteig („Dampferl") bereiten. Die zerlassene Butter, Salz, Ei und den aufgegangenen Vorteig zum Mehl geben und abschlagen. •••

• • •

Den Germteig aufgehen lassen. Die Lauchstangen putzen, in feine Scheiben schneiden und in wenig Wasser vordünsten. Sauerrahm (Saure Sahne) mit Eiern, Muskatnuss und geriebenem Käse verquirlen. Den aufgegangen Germteig auf einem Backblech auswalken und den ausgekühlten Lauch daraufgeben. Mit den Schinkenstreifen belegen, dem Eier-Käseguss bedecken und im Backrohr backen.

Pikante Lauchrollen

• ZUTATEN:

2 dünne Stangen Lauch
500 ml Wasser zum Kochen
Salz
6 Scheiben Schinken
6 Scheiben Käse
Butter für die Form
125 ml Obers (Sahne)
geriebene Muskatnuss
Suppenwürze
1 EL Mehl
2 EL kaltes Wasser

• BACKTEMPERATUR: *225 Grad*
• BACKZEIT: *20 Minuten*

Backrohr vorheizen.
Die Lauchstangen dritteln und in Salzwasser weich kochen. Abtropfen lassen. Je eine Lauchstange mit einer Scheibe Käse und einer Scheibe Schinken umwickeln. In eine gefettete Auflaufform legen. Das Mehl mit dem kalten Wasser anrühren. Mit Obers (Sahne), Salz, geriebener Muskatnuss und Suppenwürze binden. Über die Rollen gießen. Die Auflaufform mit Alufolie oder Deckel verschließen. Im Backrohr backen.

Rindsroulade mit Lauchfüllung

• ZUTATEN:

4 dünne Rinderschnitzel
4 Scheiben Speck
1 Stange Lauch
Senf, Salz
125 ml Gemüsebrühe
125 ml Weißwein
125 ml Obers (Sahne)

Rinderschnitzel salzen, pfeffern und eventuell über Nacht in Öl marinieren.
Am nächsten Tag mit Senf bestreichen, mit den Speckscheiben belegen und die in ca. 5 cm lange • • •

...

Stücke geschnittene Lauchstange darauf legen. Die Rinderschnitzel einrollen und in Öl scharf anbraten. Mit der Gemüsebrühe und dem Wein aufgießen. Die restliche in feine Ringe geschnittene Lauchstange beigeben und das Fleisch in dieser Sauce weich dünsten. Eventuell noch Flüssigkeit dazugeben. Kurz bevor das Fleisch gar ist, Obers (Sahne) dazugeben und mitköcheln lassen.

Melanzani (Auberginen)

Melanzaniaufstrich mediterran

Auf getoastetem Weißbrot lauwarm oder kalt servieren!

• **ZUTATEN:**

1 mittelgroße Melanzani (Aubergine)
1 Tomate
1 rote Paprikaschote
1 grüne Paprikaschote
3 EL Olivenöl
2 Knoblauchzehen
Salz, Pfeffer
1 EL Essig

Backrohr auf 250 Grad vorheizen.
Die gewaschenen und eingeschnittenen Melanzani (Auberginen), Tomaten und Paprika ins Backrohr legen, bis ihre Haut Blasen wirft. Die Haut abziehen. Das Gemüse möglichst klein schneiden und mit dem Öl vermengen. Die zerdrückten Knoblauchzehen und den Essig dazugeben. Mit Salz und Pfeffer abschmecken.

Nudeln mit Melanzani-Weinsauce

• ZUTATEN:

1 Melanzani (Aubergine)
1 Zwiebel
1 Knoblauchzehe
1 Paprikaschote (Farbe nach Wahl)
2 EL Olivenöl
125 ml Weißwein
125 ml Obers (Sahne)
Salz, Pfeffer
500 g Nudeln (Bandnudeln oder Spiralen)

Die fein geschnittene Zwiebel und den zerdrückten Knoblauch in Olivenöl anrösten. Melanzani (Aubergine) und Paprika klein schneiden und mitrösten. Mit Weißwein und Obers (Sahne) aufgießen und alles weich kochen. Mit Salz und Pfeffer abschmecken und über die gekochten Nudeln gießen.

Überbackene Melanzanischeiben „Rudolfo"

• ZUTATEN:

3 mittelgroße Melanzani (Auberginen)
400 g Mozzarella
4 hart gekochte Eier
1 Bund Basilikum
geriebener Parmesan

ZUTATEN FÜR DIE SAUCE:

1 große Zwiebel
500 g pürierte Tomaten
1 Lorbeerblatt
Salz, Pfeffer
1 KL Zucker

• BACKTEMPERATUR: *200 Grad*
• BACKZEIT: *bis die Flüssigkeit verdampft ist*

Für die Sauce die geriebene Zwiebel in Olivenöl anschwitzen.
Die pürierten Tomaten, Lorbeerblatt, Salz, Pfeffer, Zucker dazugeben und eine halbe Stunde sämig kochen. Die Melanzani (Aubergine) in 1 cm dicke Scheiben schneiden und in Öl beidseitig goldgelb braten. Eine feuerfeste Form schichtweise mit den Melanzani (Aubergine), der Tomatensauce, den Mozzarellascheiben, den geschnittenen Eiern und den Basilikumblättern auslegen. Mit Parmesan abschließen. Im Backrohr backen.

Melanzani „Cordon bleu“

• ZUTATEN:

2 bis 3 Melanzani (Auberginen)
8 Scheiben würziger Käse
8 Scheiben Schinken
2 EL Mehl
1 Ei
Olivenöl zum Braten

Die Melanzani (Auberginen) waschen und der Länge nach in ca. 16 dünne Scheiben schneiden. Zwischen je zwei Melanzanischeiben (Auberginenscheiben) eine Käsescheibe und ein Schinkenblatt legen. Die Auberginenpakete in gesalzenem Mehl und danach im verquirlten Ei wenden. Olivenöl erhitzen und die Schnitzel auf beiden Seiten backen.

Gefüllte Melanzani

• ZUTATEN:

2 mittelgroße Melanzani (Auberginen)
1/2 rote Zwiebel
2 Tomaten
1 rote Paprikaschote
200 g Zucchini
125 g Mozzarella
2 EL Olivenöl
1 TL Tomatenmark
7 EL Weißwein
1 bis 2 Knoblauchzehen
Oregano
Tabasco

• BACKTEMPERATUR: *200 Grad*
• BACKZEIT: *10 Minuten*

Dazu serviert man Baguette oder Knoblauchtoast.

Backrohr auf 180 Grad vorheizen.
Backblech dünn mit Öl bestreichen. Die Melanzani (Auberginen) der Länge nach halbieren und an den Unterseiten ein wenig abflachen. Schnittflächen salzen und mit Öl beträufeln. Melanzanihälften (Auberginenhälften) auf das Backblech legen und im vorgeheizten Rohr ca. 20 Min. braten. Die fein gehackte Zwiebel in Olivenöl anrösten. Die in Würfel geschnittenen Tomaten, Paprika und Zucchini dazugeben und mitrösten. Tomatenmark einrühren und mit Wein aufgießen. Mit Salz, Pfeffer und Oregano, Tabasco und zerdrücktem Knoblauch würzen und kurz mitköcheln lassen. Melanzani (Auberginen) aus dem Backrohr nehmen und so viel Fruchtfleisch herauslösen, dass rundum eine ca. 1 cm dicke Wand stehen bleibt. Fruchtfleisch in Stücke schneiden und unter das Gemüse mischen. Die Masse in die ausgehöhlten Melanzanihälften (Auberginenhälften) füllen, mit Mozzarellascheiben belegen und im vorgeheizten Backrohr überbacken.

Melanzani-Moussaka

• ZUTATEN:

2 Melanzani (Auberginen)
500 g Kartoffeln
125 ml Olivenöl
2 Zwiebeln, 2 Knoblauchzehen
500 g Faschiertes (Hackfleisch)
Salz, Pfeffer
Rosmarin, Thymian, Salbei
2 EL Tomatenmark
125 ml Rotwein

ÜBERGUSS:

250 g Joghurt
3 Eier
2 EL Mehl
1 Msp. Backpulver
Salz

• BACKTEMPERATUR: 180 Grad
• BACKZEIT: 40 Minuten, 10 Minuten für den Überguss

Melanzani (Auberginen) waschen, säubern und in Scheiben schneiden. Die Kartoffeln schälen und ebenfalls in Scheiben schneiden. Kartoffeln und Melanzani (Auberginen) in Öl braten und beiseite stellen. Die Zwiebeln in Öl anrösten, das Faschierte (Hackfleisch) dazugeben und anbraten. Tomatenmark und Gewürze darunter mischen und mit Rotwein ablöschen. Nun alles in eine feuerfeste Form schlichten und das Gericht ca. 40 Min. backen. Eier mit Joghurt, Backpulver, Mehl und Salz verrühren und darüber gießen. Etwa weitere 10 Min. backen.

„Sommergulasch"

• ZUTATEN:

2 mittelgroße Melanzani (Auberginen)
2 Zwiebeln
2 rote Paprikaschoten
2 Tomaten
2 Knoblauchzehen
500 g Gulaschfleisch
250 ml Gemüsebrühe
125 ml Rotwein
3 EL Olivenöl
Salz, Pfeffer, Paprikapulver
Thymian, Rosmarin

Zwiebeln schälen, klein schneiden und in Olivenöl anrösten. Die zerdrückten Knoblauchzehen mitrösten. Das in Würfel geschnittene Gulaschfleisch dazugeben und rösten lassen, bis das Fleisch •••

• • •

Farbe angenommen hat. Die in Würfel geschnittenen Melanzani (Auberginen), Paprikaschoten und Tomaten dazugeben und 5 Min. mitrösten. Mit Gemüsebrühe und Rotwein aufgießen und so lange köcheln lassen, bis das Fleisch weich ist. Mit Salz, Pfeffer und den Gewürzen abschmecken.

Schmeckt auch im Winter vorzüglich!

Paprika

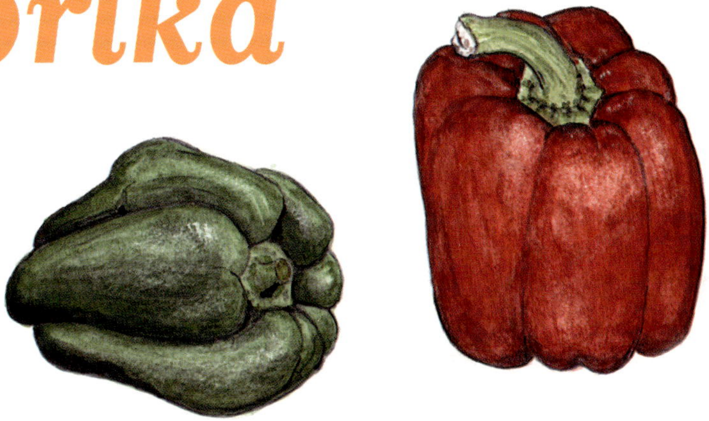

Paprikaaufstrich mit Salami

• **ZUTATEN:**

1 große Paprikaschote
1 kleine Zwiebel
100 g Salami
125 g Crème fraîche
frischer Thymian
Salz, Paprikapulver

Paprikaschote waschen, halbieren, die Kerne entfernen und in kleine Stücke schneiden. Die Zwiebel und die Salami sehr klein schneiden, mit der Crème fraîche verrühren und mit Thymian, Salz und Paprikapulver abschmecken. Mit den Paprikastückchen vermischen.

Ideal für ein kaltes Buffet!

Paprika-Topfen-Überraschung

• ZUTATEN:

4 große Paprikaschoten
4 hart gekochte Eier
250 g Topfen (Quark)
2 EL Sauerrahm (Saure Sahne)
verschiedene Kräuter
eine Prise Zucker
2 TL Zitronensaft
Salz, Pfeffer

Die „Deckel" der Paprikaschoten abschneiden und die Schoten anschließend aushöhlen. Topfen mit Sauerrahm (Saurer Sahne) verrühren, Zitronensaft und Kräuter hinzufügen, mit Salz, Pfeffer und Zucker abschmecken. In jede Paprikaschote ein hart gekochtes, geschältes Ei legen, mit Kräutertopfen (Quark mit Kräutern) auffüllen und kalt stellen. Paprikaschoten vor dem Servieren in Scheiben schneiden.

Marinierte Paprika

• ZUTATEN:

1 kg Paprikaschoten (rot, gelb)
60 ml Olivenöl
2 gehackte Knoblauchzehen
Salz, Pfeffer
1 EL Weinessig

• BACKTEMPERATUR: *250 Grad*
• BACKZEIT: *bis die Haut der Paprikaschoten Blasen wirft*

Passt sehr gut zu gegrillten Speisen und bleibt im Kühlschrank einige Tage lang frisch!

Backrohr vorheizen.
Die Paprikaschoten halbieren, entkernen und mit der Schnittfläche nach unten auf ein geöltes Backblech legen. So lange backen, bis die Haut Blasen wirft und etwas dunkel wird. Aus dem Backrohr nehmen, mit einem feuchten Tuch bedecken und etwas abkühlen lassen. Die Paprikaschoten häuten und in breite Streifen schneiden. Aus Öl, Essig, Salz, Pfeffer und gepresstem Knoblauch eine Marinade rühren und die Paprikastreifen darin marinieren.

Paprika-Schafskäse-Taschen

• ZUTATEN:

1 rote Paprikaschote
1 grüne Paprikaschote
200 g Schafskäse
50 g Hartkäse
2 Pkg. Blätterteig
Thymian, Dill
Salz, Pfeffer
1 Eigelb und etwas Milch zum Bestreichen

• BACKTEMPERATUR: *180 Grad*
• BACKZEIT: *ca. 20 Minuten*

Schafskäse und Hartkäse fein reiben und mit den Gewürzen abschmecken. Die Paprikaschoten waschen, fein würfeln und zur Schafskäsemischung geben. Den Blätterteig ausrollen und in Rechtecke schneiden (Größe nach Belieben).
Ein Häufchen der Schafskäsemischung darauf geben, die Ränder mit Wasser bestreichen und zusammenklappen. Eventuell mit dem restlichen Teig verzieren. Eigelb mit Milch verquirlen, Taschen damit bestreichen und goldgelb backen.

Ein besonderes „Aperitif-Häppchen"!

Paprikabrötchen „Tricolore"

• ZUTATEN:

4 Semmeln (Brötchen)
100 g Schinken
200 g geriebener Hartkäse
200 g Paprikaschoten (rot, gelb, grün)
125 ml Sauerrahm (Saure Sahne)
Salz, Pfeffer, Oregano

• BACKTEMPERATUR: *180 Grad*
• BACKZEIT: *20 Minuten*

Schinken klein schneiden. Paprikaschoten entkernen und klein schneiden. Den geriebenen Käse mit den Paprikastückchen und dem Schinken vermischen und den Sauerrahm (die Saure Sahne) dazurühren. Die Masse mit Salz, Pfeffer und Oregano würzen. Auf die halbierten Semmeln (Brötchen) streichen und im Backrohr backen, bis der Käse geschmolzen ist.

Letscho

• ZUTATEN:

4 Paprikaschoten
6 Tomaten
3 Zwiebeln
Öl zum Braten
50 g Speck
2 TL Paprikapulver
Salz

Paprikaschoten waschen und in dünne Scheiben schneiden. Die Tomaten kurz blanchieren, häuten und in Spalten schneiden. Die Zwiebeln in Ringe schneiden. Den fein geschnittenen Speck in Öl anbraten, die Zwiebeln mitrösten, Paprikaschoten und Paprikapulver dazugeben und ebenfalls kurz mitrösten. Die Tomatenspalten dazugeben, salzen und bei geringer Hitze weich dünsten.

Gefüllte Paprika mit Kartoffelkäse

• ZUTATEN: *6 Paprikaschoten*
2 EL Butter

FÜLLUNG:
500 g Kartoffeln
300 g Zwiebeln
4 EL Butter, 2 Knoblauchzehen
Salz, Pfeffer

• BACKTEMPERATUR: *170 Grad*
• BACKZEIT: *45 Minuten*

VORBEREITUNG DER FÜLLUNG:

Kartoffeln waschen, anschließend mit der Schale dünsten. In der Zwischenzeit Butter schmelzen lassen. Die gehackten Zwiebeln und die zerdrückten Knoblauchzehen darin anrösten. Wenn die Kartoffeln gar sind, schälen. Anschließend durch die Kartoffelpresse drücken und mit der Zwiebel-Knoblauchmasse vermengen. Mit Salz und Pfeffer abschmecken.

Die „Deckel" der Paprikaschoten abschneiden und die Kerne entfernen. Anschließend blanchieren und die Kartoffelmasse einfüllen. Butter in einer feuerfesten Auflaufform schmelzen lassen. Paprikaschoten in die Auflaufform stellen und im Backrohr zugedeckt braten lassen.

Siehe auch Rezept „Warmer Kartoffelkäse" (Seite 28)

Gefüllte Paprika

• ZUTATEN:

8 mittelgroße Paprikaschoten
100 g gekochter Reis
500 g Faschiertes (Hackfleisch)
2 kleine Zwiebeln
1 Knoblauchzehe
2 EL fein gehackte Kräuter (Dill, Petersilie, Thymian)
125 ml Gemüsebrühe

• BACKTEMPERATUR: *200 Grad*
• BACKZEIT: *60 Minuten zugedeckt und 15 Minuten ohne Deckel*

Mit Tomatensauce und Kartoffeln servieren!

Die „Deckel" der Paprikaschoten abschneiden und die Kerne entfernen. Das Faschierte (Hackfleisch) salzen und pfeffern und mit den gehackten Zwiebeln und dem zerdrückten Knoblauch vermischen. Reis und Kräuter dazugeben. Die Paprikaschoten mit dieser Mischung füllen und in eine feuerfeste Form stellen. Mit Gemüsebrühe angießen und zugedeckt im Backrohr dünsten lassen.

Paprikaschnitzel

Sehr gut mit Bandnudeln!

• ZUTATEN:

4 rote Paprikaschoten
4 Kalbsschnitzel
40 g Speck
1/2 Zwiebel
Salz, Pfeffer
1 TL Mehl
1 KL Paprikapulver
250 ml Gemüsebrühe
125 ml Obers (Sahne)
Öl zum Braten

Die Schnitzel klopfen, salzen und pfeffern. Im heißen Öl die Kalbschnitzel rasch braten und anschließend beiseite stellen. Die in Ringe geschnittene Zwiebel und den Speck rösten, Paprikaschoten in feine Streifen schneiden und mitdünsten. Das Paprikapulver dazugeben, mit dem Mehl stauben und mit der Gemüsebrühe aufgießen. Etwas köcheln lassen. Obers (Sahne) hinzufügen, die Schnitzel dazulegen und etwas mitdünsten lassen.

Sellerie

Selleriesuppe „Gartenlust"

• ZUTATEN:

1 kleine Sellerieknolle
1 EL Butter
Petersilie
Maggikraut (Liebstöckel)
1 Liter Gemüsebrühe
250 ml Milch
Salz, Pfeffer
geriebene Muskatnuss

Sellerie schälen und in große Stücke schneiden. Die fein geschnittene Petersilie in Butter anrösten, die Selleriewürfel dazugeben, mit der Gemüsebrühe aufgießen und weich kochen.
Wenn der Sellerie weich ist, die Milch dazugeben und mit dem Pürierstab fein pürieren.
Mit Salz, Pfeffer und Muskatnuss abschmecken.

Sellerieaufstrich

• **ZUTATEN:**

100 g Sellerie
1 kleiner Apfel
250 g Topfen (Quark)
2 EL Sauerrahm (Saure Sahne)
1 TL Zitronensaft
Salz
gehackte Walnüsse (nach Belieben)

Sellerie und Apfel schälen, fein reiben und mit dem Zitronensaft beträufeln. Den Topfen mit dem Sauerrahm (der Sauren Sahne) verrühren und die Apfel-Selleriemasse einrühren. Mit Salz abschmecken und die gehackten Walnüsse darüber streuen.

Pikanter Selleriesalat

• **ZUTATEN:**

1 kleine Sellerieknolle
2 Äpfel
1 Orange
50 g geröstete Walnusskerne
Saft einer halben Zitrone
50 g Mayonnaise
etwas Joghurt
Salz, Pfeffer

Sellerieknolle waschen, schälen und fein reiben. Äpfel schälen, grob raspeln und mit Zitronensaft beträufeln. Die Orange schälen und in kleine Stücke schneiden. Mayonnaise und Joghurt verrühren. Alles zu einem Salat vermischen und die Walnusskerne darüber streuen.

Sellerie-Geflügel-Salat „Kikeriki"

• **ZUTATEN:**

1/2 gekochte Sellerieknolle
250 g gekochtes Hühnerfleisch
1 Zwiebel
Saft einer Zitrone
Salz
80 g gehackte Walnüsse
100 g kernlose Weintrauben
200 g Mayonnaise

Den Sellerie in Streifen, das Hühnerfleisch in Würfel und die Zwiebel in Ringe schneiden. Zitronensaft dazugeben und den Salat kühl stellen. Vor dem Servieren Walnüsse und Weintrauben dazugeben und die Mayonnaise vorsichtig unterziehen.

Sellerie-Gorgonzolatoast

• ZUTATEN:

300 g geschälter Sellerie
100 g Gorgonzola
1 EL Butter
4 Toastbrotscheiben
1 EL grob gehackte Walnüsse
Butter zum Bestreichen der Toasts
Salz, Pfeffer

Sellerie mit Käse – eine wunderbare Kombination!

Sellerie in Salzwasser weich dünsten. Anschließend den Gorgonzola fein reiben und mit dem grob geraspelten Sellerie vermengen. Mit Salz und Pfeffer abschmecken.
Die Toastbrotscheiben mit Butter und der Käse-Sellerie-Creme bestreichen. Mit den Walnüssen bestreuen und im Rohr überbacken, bis die Toasts goldgelb sind.

Mit Kartoffelpüree servieren!

Sellerieschnitzel

• ZUTATEN:

1 Knollensellerie
Semmelbrösel (Paniermehl)
Mehl zum Wenden
1 Ei (mit etwas Milch verrühren)
Salz
Fett zum Backen

Knollensellerie schälen, in dünne Scheiben schneiden und bissfest kochen. Anschließend abseihen, salzen, in Mehl, Ei und Semmelbröseln (Paniermehl) panieren. In heißem Fett goldgelb backen.

Spargel

Beschwipste Spargelcremesuppe

• **ZUTATEN:**

1 Liter Spargelbrühe (aus Spargelschalen)
2 Gemüsebrühwürfel
2 EL Butter
2 EL Mehl
125 ml Obers (Sahne)
2 Eigelb
Salz, weißer Pfeffer
1 TL Curry
1 TL Zucker
1 EL Cognac

Spargelschalen in 1 Liter Salzwasser kochen, abseihen und die Brühe auffangen. Butter in einem Topf erhitzen und das Mehl anschwitzen. Mit Spargelbrühe aufgießen und die Gemüsebrühwürfel, Curry und Zucker dazugeben. Obers (Sahne) und Eigelb verquirlen und in die Suppe einrühren. Die Suppe nicht mehr aufkochen lassen.
Mit Salz, Pfeffer und Cognac abschmecken.

Gute Verwertungsmöglichkeit für Spargelschalen!

Eferdinger Spargelsuppe

• **ZUTATEN:**

500 g weißer Spargel
1,5 Liter Gemüsebrühe
40 g Butter
50 g Mehl
5 EL Obers (Sahne)
2 Eigelb
Salz

Spargelstangen waschen, schälen und in 3 cm lange Stücke schneiden. Ca. 15 Min. in gesalzenem Wasser gar kochen. Aus Butter und Mehl eine helle Einbrenn (Mehlschwitze) bereiten, mit dem Spargelwasser aufgießen und köcheln lassen. Die Spargelstücke dazugeben und kurz mitkochen lassen. Eigelb mit Obers (Sahne) verquirlen und in die Suppe rühren.

Spargelaufstrich

• **ZUTATEN:**

500 g weißer Spargel
1 Zwiebel
1 EL Butter
Salz, Pfeffer
250 g Mascarpone oder Topfen (Quark)
125 g Crème fraîche
frischer Kerbel

Die gewaschenen und geschälten Spargelstangen in hauchdünne Scheibchen schneiden. Zwiebel fein schneiden und in der Butter glasig anschwitzen lassen. Die Spargelscheiben dazugeben und ca. 10 Min. bei geringer Hitze mitrösten lassen. Salzen und pfeffern. Vom Herd nehmen und im zugedeckten Topf noch 15 Min. ziehen lassen. Das Spargelgemisch auskühlen lassen. Mascarpone mit Crème fraîche und dem Spargelgemisch verrühren.
Mit Kerbel bestreut servieren.

Grüner Spargelsalat

• **ZUTATEN:**

1 kg grüner Spargel
300 g Shrimps (oder Garnelen)
5 Frühlingszwiebeln
2 EL Öl
4 EL Essig
Salz, Pfeffer
etwas Wasser

Den Spargel waschen, am unteren Ende schälen und bissfest kochen. In ca. 3 cm lange Stücke schneiden. Für die Marinade Zwiebeln in feine Ringe schneiden. Essig, Öl, Wasser, Salz und Pfeffer •••

• • •

gut verrühren und über den Spargelsalat gießen. Olivenöl erhitzen und den zerdrückten Knoblauch glasig dünsten. Die Shrimps mitrösten und auf den fertigen Salat legen.

Kartoffelnudeln mit Spargelsauce

• ZUTATEN:

600 g gekochte und geschälte Kartoffeln
1 TL Salz
3 Eigelb
300 g Mehl
500 g grüner Spargel
1 kleine Zwiebel
2 EL Olivenöl
250 ml Obers (Sahne)
100 g Schinken
Salz

Die gekochten und geschälten Kartoffeln noch heiß durch die Kartoffelpresse drücken (oder erkaltet reiben). Mit Mehl, Salz und Eigelb zu einem Teig kneten und kühl stellen. Grünspargel waschen, am unteren Ende schälen und in 2 cm lange Stücke schneiden. In einer großen Pfanne Zwiebel in Olivenöl anrösten, Spargel und Schinkenstreifen kurz mitrösten, mit Obers (Sahne) aufgießen und bei geringer Hitze einkochen. Kartoffelteig zu Nudeln formen und im Salzwasser kochen. Die Kartoffelnudeln abseihen und mit der Spargelsauce vermischt servieren.

Schnelle Hühner-Spargel-Pfanne

• ZUTATEN:

500 g grüner Spargel
500 g Hühnerfleisch
1 große Zwiebel
Öl zum Braten
250 ml Obers (Sahne)
2 EL Cognac
1 Bund frische Kräuter (z.B. Kerbel)
Salz, Pfeffer

Spargel waschen und an den unteren Enden schälen.
Zwiebel in Öl anrösten, das in Streifen geschnittene Hühnerfleisch dazugeben und mitrösten. Den Spargel in ca. 3 cm lange Stücke schneiden und ebenfalls mitrösten. Mit Cognac ablöschen und mit Obers (Sahne) aufgießen. Vor dem Servieren die fein geschnittenen Kräuter in die Sauce geben. Mit Salz und Pfeffer abschmecken.

Spargelrisotto

• ZUTATEN:

500 g grüner Spargel
500 g weißer Spargel
1 Zwiebel
1 Knoblauchzehe
4 EL Olivenöl
500 g Risottoreis
1 Liter Gemüsebrühe
Salz, Pfeffer
geriebener Parmesan

Spargel waschen und schälen. Die Spargelspitzen abschneiden, kurz in heißem Wasser bissfest kochen und beiseite legen. Den restlichen Spargel in ca. 3 cm lange Stücke schneiden. Zwiebel und Knoblauch in Olivenöl anrösten, den Risottoreis dazugeben und glasig dünsten. Mit der Hälfte der Gemüsebrühe aufgießen und unter ständigem Rühren köcheln lassen. Die kleinen Spargelstücke dazugeben und nach und nach mit der restlichen Gemüsebrühe aufgießen. So lange köcheln lassen, bis der Reis gar ist. Mit Salz und Pfeffer abschmecken. Den geriebenen Parmesan untermischen und mit den Spargelspitzen garniert servieren.

Nudeln mit Spargelsauce

• ZUTATEN:

1 kg grüner Spargel
75 g Butter
1 große Zwiebel
3 EL Obers (Sahne)
450 g Nudeln (Penne)
75 g geriebener Parmesan
Salz, Pfeffer

Den gewaschenen und im unteren Drittel geschälten Spargel bissfest kochen. Die Spargelspitzen abschneiden und beiseite stellen. Die restlichen Spargelstangen in 1 cm lange Stücke schneiden. Die Butter erhitzen und die fein geschnittene Zwiebel darin goldgelb rösten. Die Spargelstücke sowie das Obers (die Sahne) dazugeben und zu einer sämigen Sauce kochen. Inzwischen die Nudeln bissfest kochen, abseihen und mit der Sauce und dem geriebenen Parmesan vermischen. Mit Salz und Pfeffer abschmecken und mit den Spargelspitzen garniert servieren.

Spinat

Spinatsalat mit Joghurt

• ZUTATEN:

500 g frischer Blattspinat
250 g Joghurt
2 EL Olivenöl
2 Knoblauchzehen
1 EL Zitronensaft
Salz, Pfeffer

Den Spinat waschen, blanchieren und abkühlen lassen. Öl, Joghurt, Salz, zerdrückte Knoblauchzehen und Zitronensaft verrühren und über den grob geschnittenen Spinat gießen.

Schmeckt sehr gut zu gegrilltem Fleisch!

Spinat-Toast

• ZUTATEN:

8 Scheiben Toast
1 EL Butter
500 g Blattspinat
200 g Champignons
8 Scheiben Schmelzkäse
8 Scheiben Schinken
Butter zum Bestreichen der Toastscheiben
Salz, Pfeffer

• BACKTEMPERATUR: *200 Grad*
• BACKZEIT: *ca. 20 Minuten*

Backrohr vorheizen.
Den gewaschenen und abgetropften Spinat in der erhitzten Butter zugedeckt anschwitzen lassen, bis er zusammenfällt. Salzen, pfeffern und die Flüssigkeit verdunsten lassen. Die Champignons blanchieren und in Scheiben schneiden. Die Toastscheiben mit Butter bestreichen und mit je einem Schinkenblatt belegen. Nun den gut abgetropften Spinat darübergeben, die Champignons darauf verteilen, mit je einem Käseblatt abdecken und im Backrohr überbacken.

Auch köstlich mit frischen Waldpilzen statt der Champignons!

Spinatnockerln „Arthur"

• ZUTATEN:

350 g griffiges Mehl (D: Type 405)
250 ml Milch
2 Eier
Salz
100 g Blattspinat
1 kleine Zwiebel
2 Knoblauchzehen
Salz, Pfeffer
etwas Öl
Parmesan

Aus Mehl, Milch, Eiern und Salz eine Nockerlmasse (Klößchenmasse) rühren. Fein geschnittene Zwiebel und zerdrückten Knoblauch in Olivenöl anrösten. Gewaschenen und grob geschnittenen Blattspinat dazugeben und kochen, bis die Flüssigkeit verdampft ist. Mit dem Mixstab pürieren und zur Nockerlmasse (Klößchenmasse) geben. Mit einem Esslöffel Nockerln (Klößchen) in kochendes Salzwasser einlegen und köcheln lassen. Die fertigen Nockerln (Klößchen) abseihen, in Butter schwenken und mit Parmesan bestreut servieren.

Spinatknödel mit Gorgonzola

• ZUTATEN:

250 g Blattspinat
350 g Semmelwürfel (würfelig geschnittene Brötchen)
etwas heiße Milch zum Einweichen
50 g Butter
50 g Gorgonzola
2 Eier
4 EL Mehl
1 Knoblauchzehe
geriebene Muskatnuss
3 EL verschiedene klein gehackte Kräuter
Salz, Pfeffer

Semmelwürfel (in kleine Würfel geschnittene Brötchen) in heißer Milch einweichen. Butter in einer Pfanne schmelzen lassen, Gorgonzola dazugeben und, sobald er geschmolzen ist, unter die Semmelwürfel mischen. Die gepresste Knoblauchzehe und die Kräuter in etwas Öl andünsten, den klein gehackten Spinat dazugeben und mitdünsten, bis die Flüssigkeit verdampft ist. Nun unter die Semmelwürfelmasse mischen. Eier und Mehl ebenfalls dazugeben und zu einem Knödelteig (Teig für Klöße) rühren. Wenn nötig, noch etwas Milch beigeben. Knödel (Klöße) formen und in Salzwasser ca. 10 Min. kochen lassen.

Mit zerlassener Butter und geriebenem Parmesan servieren!

Gemüsenockerln im Spinatnest

• ZUTATEN:

125 ml Obers (Sahne)
2 Eigelb
1 EL Kräuter
130 g glattes Mehl (D: Type 405)
150 g Lauch
100 g Karotten
800 g Blattspinat
1 kleine Zwiebel
1 EL Butter; Salz, Pfeffer
geriebene Muskatnuss

Spinat waschen, blanchieren und gut abtropfen lassen. Den Lauch in kleine Ringe schneiden. Die Karotten fein reiben. Obers (Sahne) und Eigelb verquirlen, Kräuter und Mehl einrühren. Das Gemüse untermischen und mit Salz, Pfeffer und Muskatnuss würzen. Nockerln (Klößchen) in das kochende Salzwasser einlegen und ca. 8 Min. schwach köcheln lassen. Die Zwiebel schälen, fein hacken und in Butter anschwitzen lassen. Spinat dazugeben, gut vermischen und mit Salz, Pfeffer und Muskatnuss würzen. Den Spinat auf Tellern anrichten und die Nockerln (Klößchen) gut abgetropft auf den Spinat setzen.

Spinatfladen

• ZUTATEN:

500 g Spinat
200 g Mehl
375 ml Milch
3 Eigelb
3 Eiweiß
2 Msp. Backpulver
Salz, Pfeffer, Muskatnuss
Fett zum Backen

Den Spinat waschen, blanchieren, auf einem Sieb gut abtropfen lassen und grob hacken. Mit Salz, Pfeffer und Muskatnuss würzen. Aus Mehl, Backpulver, Milch und Salz einen glatten Teig bereiten und Eigelb unterrühren. Eiweiß zu steifem Schnee schlagen und mit dem Spinat vorsichtig unter den Teig heben. In einer Pfanne Fett erhitzen, den Teig in Portionen eingießen und Omeletten backen.

Vor dem Servieren mit Petersilie und geriebenem Parmesan bestreuen!

Hühnerschnitzel gefüllt mit Blattspinat

• ZUTATEN:

4 Hühnerschnitzel
200 g Blattspinat
4 Scheiben Hartkäse (z.B. Emmentaler)
Salz, Pfeffer

PANIER (PANADE):

Mehl zum Wenden
2 Eier
50 g geriebener Parmesan
Öl zum Backen

Blattspinat blanchieren und gut abtropfen lassen. Hühnerschnitzel dünn klopfen, salzen und pfeffern. Mit Spinat belegen und je eine Scheibe Emmentaler darauf legen. Schnitzel zusammenfalten und mit einem Zahnstocher fixieren. Die Eier mit dem geriebenen Parmesan gut verrühren. Die Schnitzel in Mehl wenden und durch die Eier-Parmesanmasse ziehen. Öl erhitzen und die Schnitzel darin backen.

Tomaten

Tomatensuppe

• ZUTATEN:

1 kg Tomaten
1 große Zwiebel
2 EL Olivenöl
Basilikum
2 TL Zucker
Salz
6 EL Obers (Sahne)
500 ml Gemüsebrühe

Zwiebel schälen und in dünne Ringe schneiden. Tomaten kurz in heißes Wasser geben, häuten und würfelig schneiden. Zwiebel in Öl anrösten, Zucker und Tomaten kurz mitrösten. Mit Gemüsebrühe aufgießen und kochen lassen, bis die Tomaten weich sind. Basilikum und Obers (Sahne) dazugeben und fein pürieren.

Weißbrot in kleine Würfel schneiden und in Butter mit zerdrücktem Knoblauch goldgelb rösten.

Tomaten-Ei-Aufstrich

• ZUTATEN:

4 Fleischtomaten
5 Eier
1 Zwiebel
300 g Crème fraîche
1 EL Basilikum oder Petersilie
Salz, Pfeffer

Eier hart kochen und klein hacken.
Die Zwiebel und die Tomaten ebenfalls sehr klein schneiden. Vorsichtig mit der Crème fraîche verrühren. Mit fein geschnittenem Basilikum, Salz und Pfeffer abschmecken und mit den gehackten Eiern vermengen.

Tomaten mit Fischfüllung

• ZUTATEN:

4 Tomaten
1 Dose Thunfisch
1 EL Öl
2 EL Essig
1 kleine Zwiebel
2 EL Petersilie
1 gekochtes Ei
Salz, Pfeffer

Den Thunfisch in kleine Stücke zerpflücken. Von den Tomaten eine kleine Kappe abschneiden, aushöhlen und salzen. Das Tomatenfleisch, die Zwiebel und das Ei klein schneiden und mit dem Thunfisch vermengen.
Aus Essig, Öl, Pfeffer, Salz und Petersilie eine Marinade rühren, mit der Thunfischmasse vermengen und abschmecken. Die Tomaten damit füllen und den Deckel darauf setzen.

Erinnert an Sonne und Meer!

Bruschetta

• **ZUTATEN:**
1 Baguette
2 Tomaten
2 Knoblauchzehen
1 Bund Basilikum
3 EL Olivenöl
Salz, Pfeffer

• **BACKTEMPERATUR:** *250 Grad*
• **BACKZEIT:** *ca. 10 Minuten*

Tomaten blanchieren, häuten und in kleine Würfel schneiden. Knoblauch und Basilikum fein hacken und mit dem Olivenöl zu den Tomatenwürfeln geben.
Diese Masse auf den Weißbrotscheiben verteilen. Im Backrohr goldbraun rösten.

Köstlich zu einem Glas Prosecco!

Tomaten-Pizza für intelligente Faule

• **ZUTATEN:**
8 Tomaten
8 Scheiben Weißbrot
2 EL Butter
400 g Mozzarella
16 Sardellenfilets
Basilikum, Salz, Pfeffer

• **BACKTEMPERATUR:** *200 Grad*
• **BACKZEIT:** *10 Minuten*

Tomaten blanchieren, häuten und in Scheiben schneiden. Weißbrot mit Butter bestreichen, Tomatenscheibe darauf legen, mit Sardellenfilets und Basilikum belegen und mit Mozzarellascheiben abdecken. Mit Salz und Pfeffer würzen. Im Backrohr überbacken.

Ideal als Vorspeise bei Sommerparties!

Gebratene Tomaten mit Schafskäse

• ZUTATEN:

4 große Tomaten
1 kleine Zwiebel
2 Knoblauchzehen
200 g Schafskäse
Thymian, Oregano, Basilikum
5 EL Olivenöl
Pfeffer

• BACKTEMPERATUR: *200 Grad*
• BACKZEIT: *ca. 25 Minuten (bis die Flüssigkeit verdampft ist)*

Backrohr vorheizen.
Die Tomaten blanchieren und häuten. Die Zwiebel und den Knoblauch fein hacken. Eine feuerfeste Form mit Olivenöl ausstreichen. Die Tomaten und den Schafskäse in Scheiben schneiden und abwechselnd in die Form legen. Mit Zwiebel, Knoblauch und Kräutern bestreuen. Mit Pfeffer würzen und dem restlichen Olivenöl beträufeln.

Tomatensugo(-sauce) „Cordula"

• ZUTATEN:

500 g pürierte Tomaten
200 g Faschiertes (Hackfleisch)
2 EL Butter
500 ml Milch
eventuell 1 scharfe Peperoni

Faschiertes (Hackfleisch) in Butter anrösten und mit Salz und Pfeffer abschmecken. Eventuell die geschnittene Peperoni dazugeben. Mit Milch aufgießen. Einkochen lassen. Die Tomaten dazugeben und die Sauce bei niedriger Hitze eindicken lassen.

Original italienisches Rezept

Tomatensugo(-sauce) „Karli"

• ZUTATEN:

250 ml pürierte Tomaten
5 EL Olivenöl
4 Knoblauchzehen
1 Zwiebel
4 Karotten (Möhren)
125 ml Rotwein
ein Schuss Milch
300 g faschiertes Rindfleisch (Rindergehacktes)
Oregano, Basilikum, Thymian
Salz, Pfeffer

In einem großen Topf das Öl erhitzen. Den geschälten und fein geschnittenen Knoblauch und die gehackte Zwiebel anrösten. Das Faschierte (Hackfleisch) dazugeben und scharf anbraten. Mit Rotwein aufgießen. Die geraspelten Karotten (Möhren), die pürierten Tomaten und die Kräuter dazugeben und dünsten lassen.
Mit Salz und Pfeffer abschmecken und mit einem Schuss Milch verfeinern.

Ideal als Vorspeise bei Sommerparties!

Rinderschnitzel in Tomatensauce

• ZUTATEN:

4 Rinderschnitzel
400 g Tomaten
1 Knoblauchzehe
5 EL Olivenöl
Oregano
Salz, Pfeffer
ca. 125 ml Rotwein
125 g Crème fraîche

Tomaten blanchieren, häuten und klein schneiden. Schnitzel klopfen, salzen und pfeffern. In einer Pfanne Olivenöl erhitzen, die zerdrückte Knoblauchzehe anrösten, das gewürzte Fleisch einlegen und mitrösten. Tomaten und Oregano dazugeben und mit Rotwein aufgießen. Zugedeckt weich dünsten. Die Sauce mit Crème fraîche verfeinern.

Wird auf Suppentellern serviert.
Die Sauce ist besonders köstlich und lässt sich mit frischem Baguette auftunken!

Huhn in Tomatensauce

• ZUTATEN:
1 Huhn
6 geschälte Tomaten
3 bis 4 Knoblauchzehen
Salz, Pfeffer, Thymian
etwas Butter
125 ml Gemüsebrühe
125 ml Obers (Sahne)

• BACKTEMPERATUR: 200 Grad
• BACKZEIT: ca. 60 Minuten

Backrohr vorheizen.
Das Huhn waschen und in kleine Stücke zerteilen. Die Hühnerteile salzen, pfeffern und die fein gehackten Knoblauchzehen unter die Haut schieben. Die Hühnerteile auf ein tiefes Blech legen und einige Butterflöckchen darauf verteilen, mit Thymian bestreuen und ca. 30 Min im Backrohr braten. Die geschälten Tomaten fein hacken, dazugeben und kurz mitdünsten lassen. Mit Gemüsebrühe aufgießen und fertig braten lassen. Vor dem Servieren mit Obers (Sahne) verfeinern.

Kalbsschnitzel mit Mozzarellahaube

• ZUTATEN:
500 g Tomaten
4 große Kalbsschnitzel
400 g Mozzarella
2 Knoblauchzehen
5 EL Olivenöl
Salz, Pfeffer, Oregano

Tomaten blanchieren, häuten und anschließend klein schneiden.
Schnitzel klopfen und mit Salz, Pfeffer und Oregano würzen. Das Olivenöl erhitzen und die zerdrückten Knoblauchzehen anrösten. Die Schnitzel dazugeben und mitbraten. Tomaten zugeben, salzen und pfeffern. Alles bei kleiner Flamme weich dünsten. Den klein geschnittenen Mozzarella darüber verteilen, zergehen lassen und sofort servieren.

Zucchini

Zucchinisuppe

• ZUTATEN:

1 kg Zucchini
1 große Zwiebel
1 Liter Gemüsebrühe
1 EL Olivenöl
1 EL Butter
125 ml Obers (Sahne)
2 Knoblauchzehen
Petersilie, Oregano, Thymian, Basilikum
Maggikraut (Liebstöckel)

Öl und Butter in einem Topf erhitzen. Die fein geschnittene Zwiebel, den zerdrückten Knoblauch und die fein gehackten Kräuter anrösten. Die gewaschenen, in große Würfel geschnittenen Zucchini dazugeben und ebenfalls kurz mitrösten. Mit der Gemüsebrühe aufgießen und so lange köcheln lassen, bis die Zucchini weich sind. Zum Verfeinern Obers (Sahne) dazugeben und die Suppe fein pürieren. Mit Salz und Pfeffer abschmecken.

Mit Knoblauchcroutons servieren!

Zucchiniaufstrich

• ZUTATEN:

200 g Zucchini
1 EL Olivenöl
1 kleine Zwiebel
1 Knoblauchzehe
1 EL frische Petersilie
1 EL frisches Basilikum
1/2 EL Zitronensaft
120 g Mascarpone
Salz, Pfeffer

Zucchini grob raspeln, salzen und fest durch ein Sieb ausdrücken. Das Olivenöl erhitzen und die klein geschnittene Zwiebel sowie die zerdrückten Knoblauchzehen darin anrösten. Die Zucchini dazugeben und mitrösten, bis die Flüssigkeit verdampft ist. Abkühlen lassen. Mascarpone mit Salz, Pfeffer, Zitronensaft und den fein gehackten Kräutern verrühren. Das Zucchinigemisch darunterrühren.

Gebratene Zucchinischeiben

• ZUTATEN:

2 große Zucchini
Salz, Pfeffer
Mehl
3 hart gekochte Eier
200 g Schinkenwurst
Schnittlauch, Petersilie
2 EL fertige Mayonnaise
2 EL Joghurt

Zucchini in 5 bis 6 mm dicke Scheiben schneiden, salzen, pfeffern und in Mehl wenden. In heißem Öl rasch hellbraun anbraten, auf Küchenpapier legen und kalt stellen.
Hart gekochte Eier fein hacken, Schinkenwurst in feine Würfel schneiden, mit Schnittlauch, Petersilie, Mayonnaise und Joghurt mischen, mit Salz und Pfeffer gut würzen. Die Masse soll nicht zu weich werden. Kalt stellen.
Erst kurz vor dem Servieren kleine Häufchen der Eiermasse auf die Zucchinischeiben geben und eventuell noch mit Schnittlauch bestreuen.

Zucchinisalat

Eine ideale Beilage zu Gegrilltem!

• ZUTATEN:

750 g sehr kleine Zucchini
4 EL Olivenöl
1 EL Essig
Salz, Pfeffer
1 EL frisch gehackter Oregano
1 Knoblauchzehe

Die Zucchini im Ganzen in Salzwasser ca. 10 Min. bissfest kochen. (Falls keine kleinen Zucchini zur Hand, nach dem Kochen in Stücke schneiden.) Abtropfen lassen. Für die Marinade Olivenöl, Essig, Salz und Pfeffer, Oregano und zerdrückte Knoblauchzehe verrühren. Vorsichtig die gekochten Zucchini damit marinieren.

Zucchini-Tortilla

• ZUTATEN:

700 g Zucchini
1 Zwiebel
1 Knoblauchzehe
5 El Olivenöl
6 Eier
6 EL Obers (Sahne)
Salz, Pfeffer
geriebene Muskatnuss

Die Zucchini waschen und grob raspeln, salzen und durch ein Sieb ausdrücken.
In einer Pfanne Olivenöl erhitzen und die fein gehackte Zwiebel und den zerdrückten Knoblauch kurz darin anbraten. Zucchini zugeben, bis die Flüssigkeit verdampft ist.
Für die Tortilla Eier mit Obers (Sahne) gut verrühren, mit Salz, Pfeffer und Muskatnuss abschmecken und über die Zucchini gießen. Bei kleiner Hitze zugedeckt stocken lassen.

Eine „Feinschmecker-Eierspeise"!

Schmeckt besonders gut mit einer kalten Kräutersauce (siehe Seite 95).

Zucchinischnitzel

• ZUTATEN:

- 4 Zucchini
- Mehl zum Wenden
- 2 Eier
- Semmelbrösel (Paniermehl) für die Panier (Panade)
- 1 Bund Petersilie
- Öl
- Salz, Pfeffer
- Paprikapulver

Zucchini waschen in dickere Scheiben schneiden. Erst in Mehl, dann in geschlagenem Ei und einer Mischung aus Semmelbröseln (Paniermehl) und fein gehackter Petersilie wälzen. In heißem Fett goldgelb backen. Auf einem Küchenpapier abtropfen lassen und anschließend mit Salz, Pfeffer und Paprikapulver würzen.

Dieses Gericht schmeckt vorzüglich, wenn man eine Knoblauchsauce (siehe Seite 95) dazu serviert.

Zucchinifladen

• ZUTATEN:

- 500 g Zucchini
- 2 Eier
- 4 EL Mehl
- 2 EL frische Petersilie
- 2 EL Dill
- Salz, Pfeffer
- 1 TL Paprikapulver
- Öl zum Braten

Die Zucchini waschen und fein reiben, salzen und kurz ziehen lassen. Eier, Mehl und frisch gehackte Kräuter verrühren. Zucchini in ein Sieb leeren, fest ausdrücken und mit der Eier-Mehl-Masse vermengen. Mit Salz, Pfeffer und Paprikapulver abschmecken. Öl in einer Pfanne erhitzen. Einen EL der Zucchinimasse in das heiße Öl geben, flach drücken und goldgelb auf beiden Seiten braten. Anschließend auf Küchenpapier abtropfen lassen.

Zucchini mit Thunfischfüllung

Auch lauwarm köstlich!

• ZUTATEN:

6 sehr kleine Zucchini
1 Dose Thunfisch
4 EL Semmelbrösel (Paniermehl)
2 EL Parmesan
1 TL Oregano
2 Eier
1 EL Petersilie
Öl zum Braten
Salz, Pfeffer

Zucchini waschen, halbieren und aushöhlen. Nun 3 bis 4 Min. blanchieren.
Für die Füllung die herausgeschabte Zucchinimasse klein schneiden, den Thunfisch in kleine Stücke zerpflücken, mit Eiern, Bröseln (Paniermehl), Parmesan, Petersilie, Oregano, Salz und Pfeffer vermischen und in die Zucchinihälften füllen.
In einer Pfanne Öl erhitzen, die gefüllten Zucchinihälften anbraten und zugedeckt bei kleiner Hitze ca. 20 Min. dünsten lassen.

Zucchinisugo(-sauce)

• ZUTATEN:

2 mittelgroße Zucchini
1 Zwiebel
1 EL Butter
1 Knoblauchzehe
125 ml Obers (Sahne)
Petersilie, Salbei, Thymian
Salz, Pfeffer

In der zerlassenen Butter die fein geschnittene Zwiebel und die zerdrückte Knoblauchzehe anrösten. Nun die klein geschnittenen Zucchini dazugeben. Gewürze, Salz und Pfeffer darunter mischen und zugedeckt weich kochen. Nach und nach das Obers (die Sahne) dazugeben. Wenn die Zucchini weich sind, pürieren und nochmals mit Salz abschmecken.

Auch Vollkornnudeln schmecken sehr gut zu dieser Sauce!

Risotto mit Zucchini

• ZUTATEN:

2 mittelgroße Zucchini
400 g Reis
2 EL Olivenöl
1 Zwiebel
250 g Mascarpone
500 ml Gemüsebrühe
250 ml Weißwein
100 g Parmesan

In einem Topf 1 EL Öl erhitzen und die fein gehackte Zwiebel mit dem Reis glasig dünsten. Mit Gemüsebrühe und Weißwein nach und nach aufgießen und köcheln lassen, bis der Reis gar ist.
In einer Pfanne 1 EL Olivenöl erhitzen und die grob geriebenen Zucchini darin anschwitzen. Mascarpone dazugeben und zugedeckt ca. 5 Min. köcheln lassen. Mit dem Risotto vermengen und mit Parmesan verfeinern.

Zucchiniauflauf mit Schinken

• ZUTATEN:

1 kg Zucchini
200 g Schinken
200 g geriebener Käse
3 Eier
125 g Crème fraîche
Salz, Pfeffer
geriebene Muskatnuss
2 EL gehackte Petersilie
Butter für die Form

• BACKTEMPERATUR: *200 Grad*
• BACKZEIT: *ca. 60 Minuten*

Backrohr vorheizen.
Die Zucchini waschen, grob raspeln, salzen und kurz ziehen lassen. Den Schinken in kleine Würfel schneiden und die Eier mit Crème fraîche verrühren. Die Zucchini in ein Sieb leeren (fest ausdrücken!) und die entstandene Flüssigkeit abseihen. Den Käse, die gehackte Petersilie, das Eiergemisch und den Schinken mit den Zucchini vermengen. Mit Salz, Pfeffer und Muskatnuss abschmecken.
Die Mischung in eine gefettete Auflaufform geben und im Backrohr backen.

Zucchini-Schafskäse-Strudel

• ZUTATEN:

250 g Zucchini
1 Pkg. Blätterteig (oder Strudelteig)
1 kleine Zwiebel
2 EL Öl
200 g Schafskäse
4 EL gehackte Petersilie
50 g geröstete, gehackte Pinienkerne oder Mandeln
1 KL frischer Thymian
1 Knoblauchzehe
Salz, Pfeffer
Ei zum Bestreichen

• BACKTEMPERATUR: *180 Grad*

• BACKZEIT: *30 Minuten*

Dazu passt ausgezeichnet eine kalte Kräutersauce (siehe Seite 95).

Backrohr vorheizen.

Das Öl erhitzen und die gehackte Zwiebel darin anrösten. Die Zucchini in Streifen schneiden, zu den Zwiebeln geben, kurz anbraten und beiseite stellen. Den Schafskäse in kleine Würfel schneiden und mit den Pinienkernen zur überkühlten Zucchinimasse geben. Mit zerdrücktem Knoblauch, Petersilie, Thymian, Salz und Pfeffer würzen. Die Füllung auf dem ausgerollten Blätterteig verstreichen und zu einem Strudel rollen. Den Strudel mit Ei bestreichen und im Backrohr goldgelb backen.

Schweinefilet mit Zucchini

• ZUTATEN:

750 g Schweinefilets
3 EL Olivenöl
Salz, Pfeffer
1 TL geriebener Rosmarin
1 EL Zitronensaft
600 g kleine Zucchini
125 ml Obers (Sahne)
2 bis 3 cl trockener Sherry

Die Schweinefilets in gleich große Scheiben und die Zucchini in kleine Streifen schneiden.

Das Öl in einer Pfanne erhitzen und die Filets beidseitig anbraten. Mit Salz, Pfeffer, Rosmarin und Zitronensaft würzen. Zucchini zum Fleisch geben, mit Obers (Sahne) aufgießen und alles unter Rühren ca. 10 Min. bei mittlerer Hitze köcheln lassen. Die Zucchini sollten bissfest sein. Zum Schluss die Sauce mit dem Sherry verfeinern und eventuell nochmals mit Salz und Pfeffer abschmecken.

Zwiebel

Französische Zwiebelsuppe

• **ZUTATEN:**

1.5 Liter Rindsuppe
4 große Zwiebeln
40 g Butter
125 ml Weißwein
120 g geriebenen Hartkäse
(z. B. Emmentaler, Gouda)

Zwiebeln schälen, in Scheiben schneiden und in Butter in einem Topf goldgelb rösten. Mit Suppe aufgießen und zugedeckt ca. 20 Min. köcheln lassen. Den Weißwein dazugeben und mit Salz und Pfeffer abschmecken.
Das Toastbrot mit dem geriebenen Käse bestreuen und im Backrohr kurz übergrillen. Die Suppe in Suppenteller geben und die überbackenen Toastbrotscheiben in die Suppe einlegen.

Gerösteter Zwiebel-Leber-Aufstrich

Eine Wurst formen und in gehackter Zwiebel wälzen. In Frischhaltefolie aufbewahren.

• **ZUTATEN:**

300 g Zwiebeln
300 g Kalbsleber
1 EL gehackte Petersilie
2 EL Butter
1 EL Olivenöl
1 EL Essig
Salz, Pfeffer
300 g Butter
3 EL Cognac

• • •

• • •

Die Kalbsleber in dünne Scheiben schneiden. Olivenöl und Butter erhitzen und die fein geschnittenen Zwiebeln mit der Petersilie bei sehr geringer Hitze anlaufen lassen, bis sie weich und glasig sind (ca. 40 Min.). Die Temperatur erhöhen, die Leber hinzufügen, rösten und mit dem Essig ablöschen. Salzen, pfeffern und abkühlen lassen, dann durch den Fleischwolf drehen. Die Butter schaumig rühren, die passierte Leber dazugeben und mit Cognac, Salz und Pfeffer abschmecken.

Zwiebelsalat „Strohwitwer"

• ZUTATEN:

8 Zwiebeln
4 EL Olivenöl
2 EL Weinessig
Öl zum Backen

• BACKTEMPERATUR: *180 Grad*

• BACKZEIT: *ca. 20 bis 30 Minuten*

Backrohr vorheizen. Zwiebeln schälen, große Zwiebeln halbieren, salzen und auf ein Blech legen. Mit Olivenöl beträufeln und backen, bis sie weich sind. Nun in eine Schüssel geben, mit Essig-Öl-Gemisch beträufeln und ziehen lassen.

Kann man gut im Kühlschrank einige Tage aufbewahren. Köstlich zu Gegrilltem!

Zwiebelsauce „Tante Mizzi"

• ZUTATEN:

1 große Zwiebel
2 EL Butter
2 EL Staubzucker (Puderzucker)
2 EL Mehl
250 ml Gemüsebrühe oder Wasser
Essig und Salz nach Geschmack

Butter in einem Topf schmelzen lassen. Staubzucker (Puderzucker) rösten, bis er braun ist. Die Zwiebel in feine Ringe schneiden und ebenfalls mitrösten. Mit dem Mehl stauben und 2 EL von der Gemüsebrühe einrühren. Nach und nach die restliche Gemüsebrühe dazugeben. Mit Salz, Zucker und Essig abschmecken und eventuell pürieren.

Zwiebelschnitten

• ZUTATEN:

1 halber großer Laib Weißbrot
200 g Mehl
2 Eier
250 ml Milch
250 ml Sauerrahm (Saure Sahne)
5 große Zwiebeln
Öl zum Braten, Salz
Butter für die Auflaufform

• BACKTEMPERATUR: *200 Grad*
• BACKZEIT: *bis die Zwiebelscheiben goldbraun sind*

Das Weißbrot in 1 cm dicke Schnitten schneiden. Aus Mehl, Eiern und Milch einen festen Omelettenteig rühren. Das Öl in einer Auflaufform im Backrohr erhitzen und die in Ringe geschnittenen Zwiebeln darin anrösten. In einem Topf Salzwasser zum Kochen bringen. Öl in der Pfanne heiß werden lassen. Die Weißbrotscheiben in den Omelettenteig tauchen, sodass sie rundherum gut bedeckt sind. Anschließend in das kochende Salzwasser legen und jede Seite ca. 2 Min. kochen lassen. In heißem Öl in der Pfanne backen. Die Weißbrotscheiben dachziegelartig in die Auflaufform schichten und mit den gerösteten Zwiebeln bedecken. Zum Schluss den verrührten Sauerrahm (die verrührte Saure Sahne) darüber gießen und im Backrohr ziehen lassen.

Zwiebelkuchen „Picknick"

• ZUTATEN:

250 g Topfen (Quark)
250 g Mehl
125 ml lauwarmes Wasser
Salz

BELAG:

1 kg Zwiebeln
100 g Speck
2 Eier
1 Eigelb
250 ml Sauerrahm (Saure Sahne)
1 EL Maisstärke
Pfeffer, Muskatnuss, Salz

• BACKTEMPERATUR: *180 Grad*
• BACKZEIT: *ca. 30 Minuten*

Aus Mehl, Topfen (Quark), Wasser und Salz einen Teig kneten und kurz rasten lassen. Die Zwiebel in Ringe schneiden und mit dem würfelig geschnittenen Speck anrösten. Den Sauerrahm (die Saure Sahne) mit den Eiern, dem Eigelb und der Maisstärke verrühren. Mit Pfeffer, Salz und Muskatnuss abschmecken und dem Zwiebel-Speckgemisch vermengen. Den Teig auswalken und auf ein Blech legen. Mit der Zwiebelmasse bestreichen und im Backrohr backen.

Zwiebelfleisch

• ZUTATEN:

600 g Rinderrostbraten
3 EL Olivenöl
6 große Zwiebeln
4 Tomaten
ein Schuss Essig
2 Lorbeerblätter
Rosmarin
Salz, Pfeffer
1 Msp. Zucker

Lässt sich sehr gut aufwärmen!

Fleisch in Würfel schneiden und im heißen Olivenöl so lange anbraten, bis der Bratensaft verdunstet ist. Die Tomaten blanchieren, häuten, klein schneiden und dazugeben. Mit Essig ablöschen, Gewürze dazugeben und mit so viel Wasser aufgießen, dass alle Zutaten fast bedeckt sind. Deckel schließen, das Fleisch zum Kochen bringen und auf kleiner Flamme ca. 2 Stunden köcheln lassen, ohne den Deckel zu öffnen. Das Zwiebelfleisch ist fertig, wenn das Wasser vollständig aufgesogen ist.

Zwiebelrostbraten „Oma"

• ZUTATEN:

4 Rinderschnitzel (Beiried)
Mehl
Salz, Pfeffer
3 Zwiebeln
4 EL Öl
3 EL Tomatenmark (oder Ketchup)
500 ml Gemüsebrühe

Rinderschnitzel klopfen, salzen, pfeffern, auf einer Seite in Mehl drücken und in heißem Fett beidseitig anbraten. Mit Gemüsebrühe aufgießen. Das Tomatenmark in den Bratensaft einrühren und aufkochen lassen. Die Zwiebeln schälen und fein hacken. Mehl und Paprikapulver vermischen. Die Zwiebelringe in der Mehl-Paprikamischung wenden, abschütteln und in heißem Öl knusprig goldgelb backen. Zwiebeln auf dem Küchenpapier abtropfen lassen. Die gerösteten Zwiebeln vor dem Servieren auf dem Fleisch verteilen.

Am besten schmecken Bandnudeln dazu!

Gemüsevariationen

Gemüsesuppe „Gärtnerart"

• ZUTATEN:

4 EL Olivenöl
1 Zwiebel
60 g Speck
1 Liter Gemüsebrühe
3 Karotten (Möhren)
2 kleine Zucchini
2 mehlige Kartoffel
2 Tomaten
1 Stange Bleichsellerie
1 Knoblauchzehe
100 g Erbsen
100 g Fisolen (grüne Gartenbohnen)
1/2 Fenchelknolle
1 kleine Lauchstange
100 g frische Bohnenkerne
3 EL frisch gehackte Kräuter
150 g Suppennudeln
3 EL geriebener Parmesan

Tomaten häuten. Gemüse in kleine Würfel schneiden.
Die Zwiebel und den Speck fein schneiden und in einem großen Topf in Olivenöl anrösten. Knoblauch und Kräuter dazugeben und kurz mitrösten. Mit Gemüsebrühe aufgießen. Das Gemüse dazugeben und ca. 2 Stunden köcheln lassen.
Zum Schluss die gekochten Nudeln in die Suppe geben und mit Parmesan bestreut servieren.

Gemüse-Hühnersuppe

• ZUTATEN:

1 Suppenhuhn
1.5 Liter Wasser
4 Karotten
1 Sellerieknolle
Lauch
1 Zwiebel
Maggikraut (Liebstöckel)
Petersilie
Salz

Wasser in einem hohen Topf erhitzen. Das Huhn (ohne Innereien), Zwiebel und Kräuter hineingeben.
Das Gemüse waschen, grob schneiden und ebenfalls in den Topf geben. Die Suppe ungefähr 2 Stunden auf kleiner Stufe kochen lassen. Mit Salz abschmecken. Die Suppe abseihen, das Hühnerfleisch in kleine Stücke schneiden und mit dem Gemüse und Suppennudeln servieren.

Hühnersuppe ist ein probates Mittel gegen Grippe!

Gemüse-Rohkost-Aufstrich

• ZUTATEN:

250 g Magertopfen (Magerquark)
125 ml Joghurt
100 g Karotten (Möhren)
100 g Sellerie
Salz, Pfeffer
2 kleine Knoblauchzehen

Karotten (Möhren) und Sellerie fein reiben und mit Topfen und Joghurt verrühren. Mit den zerdrückten Knoblauchzehen, Salz und Pfeffer abschmecken.

Auf Vollkorngebäck herrlich!

Schneller Gemüsetoast

• ZUTATEN:

2 Tomaten
1 kleine Zucchini
4 Scheiben würziger Käse
Petersilie, Thymian
Oregano
Salz, Pfeffer
3 EL Crème fraîche
Toastbrotscheiben

Tomaten und Zucchini sehr klein schneiden. Anschließend mit Crème fraîche und den fein geschnittenen Kräutern verrühren. Mit Salz und Pfeffer abschmecken. Die Masse auf Toastbrotscheiben streichen und eine Scheibe Käse darauflegen. Im Backrohr bei ca. 250 Grad kurz überbacken.

Sommereintopf „Querfeldein"

• ZUTATEN:

2 große, grüne Paprikaschoten
2 Melanzani (Auberginen)
5 große Tomaten
2 große Zwiebeln
2 Knoblauchzehen
4 EL Öl
Thymian, Basilikum
Salz, Pfeffer

Die gewaschenen und geputzten Paprikaschoten in grobe Streifen schneiden. Die Melanzani (Auberginen) ungeschält in Scheiben schneiden. Die Zwiebeln schälen und in Scheiben schneiden. Die Tomaten schälen und vierteln. Das Öl erhitzen und darin Zwiebeln und Knoblauch kurz anrösten. Die übrigen Gemüsestücke dazugeben und alle Zutaten bei geringer Hitze weich dünsten. Mit Salz, Pfeffer und den gehackten Kräutern abschmecken.

Gemüselaibchen

• ZUTATEN:

1 Zwiebel
2 Eier
2 EL Mehl
Semmelbrösel (Paniermehl)
Salz
Majoran
150 g Sellerie
150 g Karotten (Möhren)
150 g Lauch
Öl zum Braten

Gemüse waschen und putzen. Lauch und Zwiebel fein hacken. Karotten (Möhren) und Sellerie fein reiben. Das Gemüse in wenig Fett kurz andünsten und 2 EL Wasser hinzufügen. Die Masse auskühlen lassen. Eier, Gewürze, Mehl und Semmelbrösel (Paniermehl) untermischen und abschmecken. Aus der Masse Laibchen formen und in Öl auf beiden Seiten anbraten.

Frühlingsrisotto

• ZUTATEN:

100 g Risottoreis
50 g Kohlrabi
50 g Erbsen
50 g Karotten (Möhren)
50 g grüner Spargel
750 ml Gemüsebrühe
1 Zwiebel
Öl zum Braten
3 EL gehackte Kräuter
50 g geriebener Parmesan
100 g Obers (Sahne)
Salz, Pfeffer

Das Öl erhitzen, die fein gehackte Zwiebel anrösten, den Reis dazugeben und glasig dünsten. Nach und nach die Gemüsebrühe dazugießen, bis das Risotto fertig ist. Das Gemüse in Würfel schneiden und in Salzwasser bissfest kochen. Nun mit dem fertig gekochten Reis vermischen. Kräuter hinzufügen und mit Salz und Pfeffer würzen. Obers (Sahne) und Parmesan unterrühren.

Gemüsestrudel

• ZUTATEN:

1 Pkg. Blätterteig oder Strudelteig
500 g gemischtes Gemüse: Karotten (Möhren), Knollensellerie, Zucchini, Paprikaschoten, Kartoffeln, Erbsen, Lauch, Brokkoli
4 EL gehackte Kräuter (Thymian, Petersilie, Schnittlauch, Dill)
2 EL Butter
100 g Schinken
1 Zwiebel
1 Eigelb
1 EL Mehl
250 ml Milch

• BACKTEMPERATUR: *200 Grad*
• BACKZEIT: *ca. 25 Minuten*

Butter zergehen lassen und die fein geschnittene Zwiebel anrösten.
Das klein würfelig geschnittene Gemüse und die fein gehackten Kräuter dazugeben.
Alles gut durchrösten. Aus Butter, Mehl und Milch eine Bechamelsauce zubereiten und das Eigelb unterrühren. Die Bechamelsauce unter das Gemüse rühren. Den Blätterteig ausrollen, die ausgekühlte Gemüsemasse mit dem fein geschnittenen Schinken darauflegen und einrollen. Den Strudel im Backrohr goldgelb backen.

Mit Kräutersauce (siehe Seite 95) besonders fein!

Gemüsetorte

• ZUTATEN:

GERMTEIG (HEFETEIG):
250 g Mehl
15 g Germ (Hefe)
125 ml lauwarmes Wasser
30 g Butter
Salz
eine Prise Zucker

FÜLLUNG:
2 Stangen Lauch
2 Tomaten, 2 Karotten (Möhren)
100 g Schinken
125 g Crème fraîche
3 EL frisch gehackte Kräuter
250 ml Sauerrahm (Saure Sahne)
200 g Mozzarella; Salz, Pfeffer

• BACKTEMPERATUR: *200 Grad*
• BACKZEIT: *ca. 1 Stunde*

Aus der Germ (Hefe), etwas lauwarmem Wasser, etwas Mehl und einer Prise Zucker einen Vorteig („Dampferl") bereiten und ca. 15 Min. aufgehen lassen. Mehl, zerlassene Butter, Salz und den aufgegangenen Vorteig gut durchkneten und 30 Min. gehen lassen. Den Teig in eine befettete Springform drücken und die Füllung darauf verteilen. Für die Füllung die Karotten (Möhren) raspeln. Den Lauch in Scheiben schneiden und die Tomaten klein würfeln. Den Schinken in feine Streifen schneiden. Den Sauerrahm (die Saure Sahne) und Crème fraîche mit den Kräutern und dem Gemüse verrühren und auf den Teig gießen. Mit klein geschnittenem Mozzarella bestreuen und im Backrohr backen.

„Huhn im Gemüsebeet"

• ZUTATEN:
1 Huhn
1 Zwiebel
1 Knoblauchzehe
100 g Karotten (Möhren)
1 rote Paprikaschote
100 g Sellerie
3 geschälte Tomaten
3 El Olivenöl
Salz, Pfeffer
Rosmarin, Oregano
125 ml Rotwein

• BACKTEMPERATUR: *180 Grad*
• BACKZEIT: *ca. 60 Minuten*

Das Huhn in kleine Teile zerlegen. Zwiebel, Karotten (Möhren), Paprikaschote, Sellerie und Tomaten klein schneiden. Olivenöl in einer großen Auflaufform erhitzen, Gemüse anrösten, Knoblauch und Kräuter dazugeben. Die Hühnerstücke ebenfalls anrösten und mit dem Rotwein ablöschen. Nun das Huhn schmoren lassen, bis es gar ist.

Salate

Blattsalate mit Hühnerbruststreifen „Georg"

• ZUTATEN:

Gemischte Blattsalate:
Kopfsalat, Radicchio,
Eissalat, Lollo Rosso,
Rucola,
Vogerlsalat (Feldsalat)
2 Hühnerfilets
2 Knoblauchzehen

MARINADE:

3 EL Essig
3 EL Wasser
4 EL Olivenöl
1 EL Senf
etwas Honig, Salz, Pfeffer
und frische Kräuter

Die Salate waschen und in eine Schüssel legen. Für die Marinade die Zutaten in ein Glas mit Deckel geben, gut durchschütteln und über den Salat gießen. Zerdrückte Knoblauchzehen und Hühnerfilets knusprig braten, salzen, pfeffern, in Streifen schneiden und über den Salat legen.

Bunter Sommersalat

• ZUTATEN:

1 Fenchelknolle
1 Zwiebel
1 Paprikaschote
15 Cocktail-Tomaten
1 Kopfsalat

MARINADE:

Balsamico-Essig
Olivenöl
Salz, Pfeffer
60 g Rucola

Kopfsalat und Rucola waschen und in eine Schüssel geben. Die Tomaten halbieren. Den Fenchel waschen, halbieren, kurz blanchieren und fein schneiden. Zwiebel und Paprikaschote in kleine Würfel schneiden und kurz in Öl anbraten. Aus Essig, Öl, Salz und Pfeffer eine Marinade rühren und über die Salatzutaten gießen.

Pikanter französischer Salat

• ZUTATEN:

2 Kopfsalate
5 Stk. Chicorée
1 kleiner Radicchio
200 g Fisolen (grüne Gartenbohnen)
250 g speckige (fest kochende) Kartoffeln
4 Tomaten
3 Paprikaschoten
(rot, gelb, grün gemischt)
1 Stangensellerie
1 Zwiebel
1 Dose Maiskörner
Schwarze Oliven
5 Sardellenringe
1 Dose Thunfisch
4 Eier
1 KL Dijon-Senf
Rotweinessig
Olivenöl
Zucker
Salz, Pfeffer

Kartoffeln waschen, dünsten, schälen und in Scheiben schneiden. Eier hart kochen und ebenfalls in Scheiben schneiden. Fisolen (Bohnen) bissfest kochen. Stangensellerie, Tomaten und die geschälte Zwiebel in feine Ringe schneiden. Die Sardellenringe klein schneiden und den Thunfisch zerpflücken. Die Salate in mundgerechte Stücke schneiden und die Maiskörner dazugeben. Für die Marinade Essig, Öl, Senf, Zucker, Salz und Pfeffer gut verrühren, über den Salat gießen und ziehen lassen. Vor dem Servieren eine große Schüssel mit Salatblättern auslegen, den Salat einfüllen und mit Oliven dekorieren.

Salat „Fang die Maus"

• ZUTATEN:

250 g Vogerlsalat (Feldsalat)
4 EL Balsamico-Essig
8 EL Olivenöl
Salz, Pfeffer
200 g Speck
Öl zum Braten und marinieren
6 Scheiben Toastbrot
Butter zum Bestreichen
6 Knoblauchzehen

Salat putzen, waschen und gut abtropfen lassen. Speck in kleine Würfel schneiden, in wenig Öl knusprig braten und auf Küchenpapier abtropfen lassen. Für die Marinade Essig, Öl, Salz und Pfeffer und etwas Wasser verrühren und über den Salat gießen. Die Toastbrotscheiben zweimal diagonal durchschneiden. Mit Butter und zerdrücktem Knoblauch bestreichen und in Öl beidseitig goldgelb braten. Vor dem Servieren den Salat mit den gerösteten Speckwürfeln und den Brotdreiecken garnieren.

Salat mit Schafskäse

• ZUTATEN:

1 Kopfsalat
1 Gurke, 1 Tomate
1 rote Paprikaschote, 1 rote Zwiebel
Schwarze Oliven
200 g Schafskäse
2 EL grob gehackte Petersilie
1 TL Oregano
2 EL Weinessig
2 EL Olivenöl
4 Scheiben Weißbrot
1 Knoblauchzehe
Olivenöl zum Rösten

Das Weißbrot in kleine Würfel schneiden und in einer Pfanne mit etwas Olivenöl samt der zerdrückten Knoblauchzehe goldgelb rösten. Die Brotwürfel auf einem Küchenpapier abtropfen lassen. Den grünen Salat waschen und in mundgerechte Stücke zerteilen. Gurke schälen und in Würfel schneiden. Tomate ebenfalls würfelig schneiden. Zwiebel schälen und in Scheiben schneiden. Paprika halbieren, entkernen und in Streifen schneiden. Den Schafskäse in Würfel schneiden. Aus Olivenöl, Weinessig, Salz, Pfeffer, Oregano und Petersilie eine Marinade bereiten und über den Salat gießen. Den Salat kurz vor dem Servieren mit den gerösteten Brotwürfeln, dem Schafskäse und den Oliven dekorieren.

Salat „Waldvilla"

• ZUTATEN:

2 Hand voll gemischte Blattsalate
1 Gurke
5 Tomaten oder 250 g Kirschtomaten
1 Zwiebel
1 Knoblauchzehe
50 g Speckwürfel
1 TL Sonnenblumenkerne
1 TL Leinsamen
1 TL Sesam
Olivenöl
Balsamico-Essig
50 g Griechischer Schafskäse
Kräuter (Petersilie, Basilikum, Schnittlauch)

In einer Pfanne Sonnenblumenkerne, Leinsamen und Sesam kurz anrösten und beiseite stellen. Speckwürfel in etwas Öl knusprig anbraten. Blattsalate waschen, Gurke schälen und in etwas dickere Scheiben schneiden. Tomaten waschen und vierteln und die Zwiebel in Scheiben schneiden. Alles in eine große Salatschüssel geben.
Aus Öl, Essig und den frisch gehackten Kräutern, Salz und Pfeffer eine Marinade rühren und über den Salat gießen. Würfelig geschnittenen Schafskäse untermischen. Vor dem Servieren die Körner und die knusprigen Speckwürfel darüberstreuen.

Saucen

Warme Kräutersauce

• ZUTATEN:

2 TL Butter
1 TL Mehl
250 ml Gemüsebrühe
125 g Crème fraîche
frisch gehackte Kräuter nach Wahl:
Schnittlauch, Petersilie, Kresse, Salbei,
Thymian, Zitronenmelisse, Dill, Basilikum,
Kerbel, Maggikraut (Liebstöckel), Estragon, Oregano
Kräutersalz, Pfeffer
eine Prise Zucker

Die Butter zergehen lassen, Mehl einrühren, mit der Gemüsebrühe aufgießen und köcheln lassen. Anschließend die Crème fraîche und die frischen Kräuter einrühren. Mit Salz und Pfeffer abschmecken.

Tomatensauce

• ZUTATEN:

1 Zwiebel
500 ml pürierte Tomaten
1 EL Sauerrahm (Saure Sahne)
1 TL Mehl
Salz, 1 Prise Zucker
Öl zum Anrösten

Fein gehackte Zwiebel anrösten, pürierte Tomaten dazugeben und köcheln lassen. Sauerrahm (Saure Sahne) und Mehl verrühren und in die Tomatensauce einrühren. Pürieren und mit Salz und Zucker abschmecken.

Kalte Kräutersauce

• ZUTATEN:

125 g Crème fraîche
250 ml Sauerrahm (Saure Sahne)
Salz, Pfeffer
1 Knoblauchzehe
2 EL gehackte Kräuter (Petersilie, Thymian, Oregano, Schnittlauch, Dill)

Crème fraîche mit Sauerrahm (Saurer Sahne) verrühren und mit Salz, Pfeffer und zerdrücktem Knoblauch abschmecken. Kurz vor dem Servieren die gehackten Kräuter untermischen.

Knoblauchsauce

• ZUTATEN:

250 ml Sauerrahm (Saure Sahne)
3 Knoblauchzehen
Salz, Pfeffer

Den Sauerrahm mit den zerdrückten Knoblauchzehen verrühren und mit Salz und Pfeffer abschmecken.

Zum deutschen und österreichischen Sprachgebrauch

In den Herzhaften Geheimnissen aus dem Garten für intelligente Faule wird versucht, sowohl den spezifisch österreichischen als auch den deutschen Sprachgebrauch zu berücksichtigen. Das Kriterium bei der Verwendung der oft unterschiedlichen Ausdrücke im Bereich des Kochens beziehungsweise der Zutaten war in erster Linie Verständlichkeit unter Beibehaltung des „Lokalkolorits" – beide Autorinnen sind Österreicherinnen und haben viele der Gerichte selbst benannt. Einige Gerichte tragen daher österreichische Namen. Es werden auch Zutaten genannt, die dem deutschen Leser vielleicht nicht auf den ersten Blick verständlich sind. Wir haben versucht, hierbei einen Mittelweg zu beschreiten, um für keinen Leser der beiden Sprachregionen befremdlich zu wirken. Wo augenfällige Unterschiede bestehen, sollen die Ergänzungen in Klammer eine Hilfe sein.

Abkürzungen

D .... Deutschland
EL .... Esslöffel
KL .... Kaffeelöffel
TL .... Teelöffel
Msp. .... Messerspitze
Pkg. .... Packung
cl .... Zentiliter
ml .... Milliliter
g .... Gramm
kg .... Kilogramm
Min. .... Minute

Wo finde ich ... ?

Auberginen → Melanzani

Blumenkohl → Karfiol

Bohnen (Grüne Gartenbohnen) → Fisolen

Kohl (Weißkohl) → Kraut

Möhren → Karotten

Impressum

Die deutsche Bibliothek – CIP-Einheitsaufnahme
Die Deutsche Bibliothek verzeichnet diese Publikationen in der Deutschen Nationalbibliografie; detaillierte bibliografische Daten sind im Internet über http://dnb.ddb.de abrufbar.

Projektleitung: Veronika Schubert, Österreichischer Agrarverlag
Lektorat: Bettina Jakl-Dresel
Entwurf, Kern und Umschlag: armanda,geisler Wien
Satz: GSB - Graphikdesign Smitty Brandner, Kraig
Illustrationen (Kern und Umschlag): Leonore Geißelbrecht-Taferner
Bildreproduktion: Saskia Gschwind, Klagenfurt

Printed in Austria
Druck und Bindung: AV Druck plus GmbH, Wien

ISBN (Österreich): 3-7040-1954-2, ISBN (Deutschland): 3-8001-4287-2